出でよ！精神科病棟

―大勢で大勢の自立を支援する―

社会福祉法人 あおばの実
理事長
山本 章

目次

第六部　自立支援事業の経験を語る

第七部　自立支援のための社会資源と支援・助成機関

第八部　精神障害者のための法律と条約

はじめに

２０２０年は待ちに待った東京オリンピックの年のはずが、新型コロナウイルス感染症の年になってしまった。原因ウイルス自体はＰＣＲで検出できるのに、特に高齢者や高血圧・糖尿病などの生活習慣病のある患者にとって治療が難しい新型コロナウイルス感染症が世界中に蔓延した。

これはパンデミックの恐ろしさを世界中で再認識させるのに十分であり、14世紀のペストや百年前のスペイン風邪以来の出来事で、２０２３年になってもいつ終息するのか分からない不安な日々が続いている。

今回のパンデミックは、中国・武漢で発生した感染症が世界中に次々広まって、患者の数は6億人をはるかに突破し、多くの死者を出した。こんなに制御しにくい面倒なウイルスとは思わなかったというのが、学者のコメントだ。その上、デルタ株・オミクロン株など、変異株というさらに厄介なオマケまでついた。

このため全世界の人々が、マスク着用・ソーシャルディスタンス・都市封鎖・緊急入院・ワクチン接種などを強いられ、しかもその状況が、世界中リアルタイムで情報共有される毎日がいつ終わるともなく続いた。これは、いわば人類にとって初めての「世界同時共通体験」といえよう。

そんな新型コロナウイルスのお蔭でご多分に漏れずステイ・ホームを余儀なくされ、日々世界中の新型コロナ事情をテレビ・ネット・新聞で情報収集するうちに、以前にもこのような生活があったことをふと思い出した。

1回目は、兵庫県立姫路西高校2年生の時。秋の修学旅行中、姫路港を出た船が瀬戸内海を経て別府港についた翌朝、ホテルで洗顔中に喀血してしまった私は、翌年留年して右肺上葉を切除して背中から取り出す大手術を自宅近くの結核専門病院で受けた。

右の肺は上・中・下と三つの部分に分かれているが、その上部が結核菌に侵されて、空洞が出来てしまったためだ。

そして術後5か月入院の上、下の学年に復学するまでの7か月間、うつろな日々をひたすら何することもなく自宅で過ごした。

2回目は、薬学部大学院に進学直後のこと。新しい医薬品を作る研究室に入れたのはいいが、研究生活になじめない自分に気付いて、1か月も経たないうちに中退した。

その後ほぼ1年間、特に何することもなく京都の街でブラブラしていた。学課試験には受かったが、いわばペーパー・ドライバー。研究に必要な化学合成実験が、満足に出来なかったからだ。

3回目は、厚生省に入って7年目。政府派遣の研修生としてスイス・ジュネーブの世界保健機関（WHO）本部に半年間滞在した時のこと。日本人の薬剤師としては、初めてのことだった。この間WHOの様々な医学専門家会合などを傍聴したほか、意見交換・情報交換のため、欧州各国の政府機関や医学・薬学の専門家を訪ね歩いた。

しかし持参した医薬品の副作用問題や安全対策を除くと普段はこれと言った課題も業務もなく、日本から来られる医学専門家のジュネーブ市内を案内して食事を共にする以外は、与えられた個室から大きな窓越しに、黄色い落ち葉が一杯の林に遊ぶリスたちを眺めて暮らした。１９７７年秋から冬にかけてのことだった。

このような期間、その都度「こんなことでいいのかなあ？」と自問自答したが、自分では如何ともしがたく、時の過ぎ行くままに任せる他はなかった。

ところが最近「ギャップ・イヤー」という言葉を聞いて、この3回の経験は私にとって、ある種の「ギャップ・イヤー」ではなかったか、と思うようになった。

「ギャップ・イヤー」とは、主に英語圏の学生にとって、高校卒業から大学への入学、又は大学卒業から大学院へ進学するまでの期間を指し、この間海外旅行など大学では得られない経験をしたり、アルバイトで勉学のための資金を貯めたりするという。

振り返ってみると、私の場合よんどころなく過ごした時間だったが、今となっては誰からも何も言われず、自分一人で考えざるを得ない貴重な時間を過ごしていた、と言えそうだ。

ところで後期高齢者と呼ばれるようなって、突然めぐってきた新型コロナウイルス感染症によるステイ・ホーム。これも4回目の「ギャップ・イヤー」もどき、と位置付けられそうだ。

そんなわけで、せっかく与えられた時間をどう使うか考えた末、かねてから構想を温めていた「出でよ！精神科病棟　大勢で大勢の自立を支援する」をまとめてみた。まとめ終えてみると、自分自身の頭の整理に役立った上、ライフワークの一つと位置付けている精神障害者の自立支援事業の課題がはっきりしてきたので、もしや同じような支援事業に関わっている方々や当事者のご家族にとって参考になるかもしれない、と考えた次第である。

なお本書は、主として自分自身の患者歴60年（結核・C型肝炎・食道がんなど）、厚生省・環境庁勤務歴30年（ペーパー薬剤師、薬学系技官として）、統合失調症患者の家族歴25年余り、それに横浜市内での精神障害者支援団体歴7年など、比較的狭い範囲の経験をベースにしたものであることを予めお断りしておきたい。

従って、例えば引きこもりや病識のない当事者の家族、あるいは当事者の家族への暴力など深刻な問題を抱えておられる方にとっては、「出でよ！精神科病棟」どころか、どうすれば医療につなげられるか、医療導入入院という、いわば「入口」問題が今や最難題！とのご指摘もあるに違いない。

そのような問題については稿を改めて取り組むとして、とりあえず精神障害者の自立支援の分野に新参者が投じる小さな一石と考えて、当事者・家族はもとより、自立支援事業に携わる方々や保健福祉行政に携わる方々の参考資料として、ご活用いただければ幸いである。また精神保健福祉士などを目指す方々用の副読本としてご利用いただけるのではないかと思われる。

２０２３年４月22日

（資料）「精神障がい者の家族への暴力というＳＯＳ」、蔭山正子編著、２０１６年、明石書店

序章

本書で取り上げる統合失調症は、原因はいまだはっきりしないものの診断は可能で、持って生まれた気質に加え、強いストレスがかかることがきっかけで発症すると認識されている。そして、幸いなことに今や対処できるくすりは沢山ある。これは、古今東西の医学・薬学の研究者が有史以来続けてきた研究の末、20世紀半ばにようやく到達した成果だ。

しかし逆に言うと、長い人類史の中で医療界も医療行政もついこの間まで、手も足も出ない状態が果てしなく続いていた。仏教では人間がかかるあらゆる病気を「四百四病」というが、この疾患は、その中でも難病という行政用語が使われる以前からある、「超」の字を付けざるを得ない難病、と言っていいだろう。

そんな統合失調症を耳新しい疾患と受け取る人がいても不思議ではない。というのもそれまでは「精神分裂病」と呼ばれていたが、２００２年に日本精神神経学会が差別的な意味合いがあるとして、このおどろおどろしい語感を持つ診断名を改めたからで、元々は、スイス人医学者オイゲン・ブロイラーが命名したドイツ語のSchizophrenieを明治時代に無造作に直訳したものらしい。

統合失調症は、一言でいえば「幻覚・妄想症状を主体とする精神の疾患」である。そのため家庭や社会生活上、人と交流する機能が障害を受け、思考・感覚・行動にゆがみが生じていても、それを自ら認識しにくいことを特徴とする厄介な疾患である。

また脳の機能バランスが崩れて、10代後半から30代、特に思春期・青春期に、ある日突然発症することが多い疾患とされている。そしてその有病率は、糖尿病・高血圧・高脂血症などの生活習慣病ほどではないが、ほぼ100人に1人と、決して稀な疾患ではない。

この100人に1人という率は、一世帯を平均3人と仮定すると、ほぼ30世帯に1人統合失調症の当事者がいるという計算になる。30世帯というと、一戸建てであれば1ブロック、小さいマンションであれば1棟に1人、居ることになる。また小学校の卒業アルバムを見れば、後に発症する人が各学年に1人ずついても不思議ではない。

別の言い方をすると、誰しもメールアドレスや電話帳を見れば、身の回りの親類・友人・知人・同僚・同級生を100人位挙げることが出来るが、押しなべて言うと、そのうち1人は統合失調症ということになる。

ところがこの疾患は身体障害や知的障害と異なり、表ざたにしない・ならないことが多いので気付きにくい、がしかし実はありふれた疾患なのだ。また統合失調症の当事者が全国に100万人いるとして、その両親200万人を計算に入れると日本人ざっと300万人、兄弟・姉妹、祖父母なども入れると、もっと大勢の人達にとって難しい疾患、と言い換えることが出来る。

そんな統合失調症患者は、かつて日本では「乱心者・狐憑き」などと扱われ、治療と呼べるものはなく、せいぜい神社仏閣における加持祈祷に頼るしか手立てがない時代が、有史以来長く続いた。

このため、家庭内で檻に入れるなどの処置がとられ、また座敷牢と言う、屋敷内の一角や土蔵などに軟禁して収容者が外に出る自由を奪い、外部との関係を遮断する仕組みが使われた時代もあった。江戸時代までのことだ。

明治時代に入ると、明治7年（1874年）に新政府が発した保健衛生に関する基本方針（医制）の中で癲狂院（てんきょういん：現在の精神科病院）設立に関する規定が設けられて、その後私立・公立の精神科病院がいくつか設立されている。

またその後医学教育機関で精神病学が教えられるようになり、さらに精神障害者の保護と社会的保安を目的とした精神病者監護法が明治33年（1900年）に制定されている。

しかしこの法律は今から見れば治安的要素が強く、精神障害者に対する治療や保護は不十分、というより無きに等しい状態であったとされている。一般的には私宅で様子を見る程度（私宅監置）で手の施しようがなく、治療など思いも及ばなかったようだ。

当時このような悲惨な実態を調査した東大教授呉秀三（東京・松沢病院初代病院長）は、1918年（大正7年）、「我邦十何万ノ精神病者ハ実ニ此病ヲ受ケタルノ不幸ノ外ニ、此邦ニ生マレタルノ不幸ヲ重ヌルモノト云フベシ。」と述べている（傍線は筆者による）。

しかし、そもそも有効なくすりがない不幸は如何ともしがたく、日本のみならず当時の精神科医療は、世界中ほぼ同じ様な状況に置かれていた。

そのような医療事情をかの内村鑑三の息子で第二次世界大戦前後、東大精神医学教室教授と松沢病院長を兼ねた内村裕之医師は「…当時は、専門家の間でさえ、精神病の難解難治の先入観が根強く、分裂病に至っては、ただ手をつけかねて傍観するのみと言ってもよいほどで…」と述べている。そしてこのような事情は、第二次世界大戦終了後もしばらく変わることがなかった。

ところが1963年、米国ケネディ大統領が「出でよ！精神科病棟」政策を打ち出し、西欧諸国がこれに続いた。これはひとえに、第二次世界大戦後に発見されたくすりのお蔭で、統合失調症の医療が劇的に変化した結果だ。

一方日本では米国に遅れることおよそ50年、文字通り遅ればせながら、このところようやく精神科病院における退院促進事業が始まるに至った。この間、厚生省（当時）は、有識者・マスコミなどから、諸外国に類を見ない統合失調症患者の長期入院について、責め立てられる一方であった。そして不思議なことに、つい最近まで50年も遅れた原因について、納得のできる説明に出会うことがなかった。対処できるくすりが現れたのは世界共通の出来事なのに、一体なぜ日本は置いてきぼりになったのか？

とはいうものの、このところこの50年のギャップを解消するべく、統合失調症患者の医療と福祉に関する諸施策は、遅まきながらではあるが、しかし着実に実を結びつつある。知る限り、日本型の「出でよ！精神科病棟」現象が、全国各地でゆっくりと実現し始めているようだ。

ということは、昨今の新型コロナ感染症対策のおかげで、日本の医療の力量や民度が世界各国から高い評価を受けたように、統合失調症の医療においても日本で良かった、日本人で良かったと言える日が近づき始めているのかもしれない。

そこで本書は、前半では、あるくすりの登場に端を発する「出でよ！精神科病棟」政策と、日米間に横たわった50年のギャップについて、独自の説明を試みた。また後半では、「出でよ！精神科病棟」の具体策が、日本では今どのように進んでいるか、また今後どのように進めるべきかについて話を進めた。特に「大勢で大勢の自立を支援する」意義とその具体的方法について、地域における経験を交えてお話しすることとする。

ところで中国に「上に政策あり、下に対策あり」という言い回しがある。近頃は、国の決定事項に人々が抜け道を考え出す、ととらえる人もいるようだが、私はこれを、国の政策に沿った対応策を国民が講じること、と理解している。

一昔前に全国で「出でよ！精神科病棟」問題に取り組んだ方々は、当事者・家族・専門家を問わず、国の法律や制度を変えることに心血を注ぎ、「それは岩盤を打ち砕くような力仕事だった。」との体験談を聞いている。

しかし今日、関連する法律、制度、組織などは、残された課題は言い出せばきりがないが、紆余曲折を経て以下に見るように、概ね基盤が整備されたと言ってよい。

私が気付かないだけか、あるいは現在住んでいるところが横浜市で恵まれているのかも知れないが、いわば「上に政策あり」は、後述するようにほぼ実現していると感じている。あとは我々が身近なところで、「出でよ！精神科病棟」のための具体的な自立支援事業を始めて、かつそれを継続することが何よりも大切であると考えられる。

一口メモ

いつぞや某NPO法人の理事会で、精神障害者を「障がい者」と書くべきではないかとの議論が3時間も続き、参加者全員が疲れ果てたという話を聞いたことがあるが、「障がい」、「障害」、「障碍」と色んな表記の仕方があり、基本的にはどれも同じであろう。

想像するに「障がい」を主張した人は、当事者の気持ちを慮って「害」の字を避けようとしたのであり、「障害」を主張した人は、この字が法律・制度に使われていて、これらとの整合性を図った方が良いと考えたのであろうが、適宜使い分けて差し支えないと考えられる。

なお一般にはあまり使われない「障碍」と言う字は、元々仏教用語で悟りを開くのに邪魔になることを表現しており、戦時中はこの文字が使われていたと聞くが、令和3年の国会で、偏見や差別意識を払拭する取り組みの一環として、常用漢字に追加しようという議論が始まっている。

またさらに最近では、「しょうがい」という言葉を何か別の言葉で置き換えられないか、模索が始まっているとも聞いている。

ともあれ、本書では最も一般的な「障害」を使っているが、引用した箇所などでは原文に即して「障がい」としている。

ついでながら、終戦直後の1950年に社会保障制度審議会の提出した「社会保障制度に関する勧告」には、社会保障制度の定義の中に「廃疾」などという用語が認められるが、何十年も経って「障害」と改められた経緯がある。

（資料）「わが歩みし精神医学の道」、内村裕之著、1968年、みすず書房

第一部

初めにくすりありき

結論を急ぐと、「出でよ！精神科病棟」の決め手は、ひょんなことから姿を現した向精神病薬クロルプロマジンだった。

一般に画期的な発明・発見には、研究者が当初考えもしなかった偶然の要素が絡むことが少なくない。これはセレンディピティ（serendipity）と言われ、画期的医薬品の開発などにつき物であり、真面目にコツコツ研究を進めていた研究者があっけにとられるような成り行きの末、姿を現すことが珍しくない。

例えば１９２０年代に抗菌性のある２物質、すなわちリゾチームとペニシリンを発見したアレクサンダー・フレミング（英国セント・メアリー病院医学校勤務）の場合が、そうだ。

リゾチームは、動物の唾液や卵白などに含まれ、溶菌作用を持つ物質であるが、細菌を塗抹したペトリ皿にフレミングのクシャミの粘液がたまたま付着して、その場所の細菌のコロニーが破壊されたことで発見されたといわれている。但しこの物質は病原菌には効果がなかったため、抗生物質としては使用されていないが、日持ち向上のための食品添加物などとして現在も使用されている。

フレミングがリゾチーム研究を続けるうちに、次いで発見されたのがペニシリン。これは世界初の抗生物質で、第二次世界大戦中の多くの負傷兵や傷病者を感染症から救うなど、人類が細菌による感染症に打ち勝つ時代の先駆けとなったものである。

そのいきさつはこうだ。またしても雑然とした実験室で、ブドウ状球菌の培養器上に生えた青かびの周囲で菌の生育が阻止されているのを、フレミングが発見したことがきっかけとなっている。

この青かび、埃だらけの研究室にたまたま飛び込んできたらしいが、フレミングが小旅行から帰ってきて、ほったらかしの培養器を洗浄しようとして見つけたというから、文字通りセレンディピティだ。


この部では、主に統合失調症の医療に劇的変化をもたらした抗精神病薬クロルプロマジン（主な商品名：ウインタミン、コントミンなど）について、その発見の経緯を辿ることにする。

ようやく精神科臨床の場に姿を現したこの薬のおかげで、統合失調症にとって医療元年の扉が開かれ、手の施しようのなかった「超」難病扱いから、単なる難病へ一歩近づいたと言っていいだろう。もっとも、何らかの理由によって服薬を拒否している当事者やその家族にとっては、依然として「超」難病と言わざるを得ない。

ともあれこの薬が誕生していなければ、第二部で述べるケネディ大統領の「出でよ！精神科病棟」政策は実現していなかった、とも言える。その意味で「初めにくすりありき」としか言いようがない。

逆に言うと、クロルプロマジンが登場する以前に行われていた統合失調症の医療は、それまでの研究者や医療関係者の苦心惨憺を多としつつも、今や論ずるに足らないものと扱わざるを得ない。

第１章　炭酸リチウムの登場

この章では、統合失調薬の元祖ともいうべきクロルプロマジンに先立ち、いち早く統合失調症の研究開発現場に名乗りを上げた炭酸リチウム（主な商品名：リーマスなど）について、まず触れておこう。

リチウムというと、昨今スマホのリチウムイオン電池ですっかり日常生活に欠くことのできない代物になってしまい、ＩＴ革命の原動力として欠かせぬ存在となっている。

２０１９年にはリチウムイオン電池の研究開発に功績のあった吉野彰氏がノーベル賞を受賞して、日本人にはさらに身近な存在になった。今後電気自動車がガソリン車にとって代わるなど、あらゆる分野で蓄電池の利用が欠かせなくなり、その消費量は一気に増大することが見込まれている。

そのリチウムが、実は精神科医療の世界でも先駆的な役割を果たしているから、不思議の限りだ。

そのきっかけを作ったのは、オーストラリア人精神科医師ジョン・ケイド。彼は第二次世界大戦中の3年半、日本軍の捕虜となってシンガポールのチャンギ収容所で暮らしたが、戦後母国で帰還兵のためのブンドーラ病院（メルボルン）の精神科責任医師となった。

かねてから躁うつ病の原因物質を突き止めたいと考えていた彼は、同病院内の使われていなかった厨房で、モルモットに患者の尿を注入して原因物質の探索を始め、途中から尿中に含まれる尿酸に着目して、尿酸のリチウム塩の投与を試みた。

ケイドは当初リチウムの作用に期待したわけではなく、尿酸が水に溶けにくい物質であったため、たまたま水溶性に優れた尿酸のリチウム塩（尿酸とリチウムをくっつけたモノ、塩は「エン」と読む。水に溶けると尿酸とリチウムに分かれる）を投与したものであった。

するとこの尿酸のリチウム塩に鎮静効果が認められたので、試しに別の物質のリチウム塩を投与したところ、これにも鎮静効果が認められた。その結果、当初考えた尿酸ではなくリチウムそのものに鎮静効果があるらしい、と考えるに至った。

そこで改めて炭酸リチウムを躁うつ病の患者に投与したところ、想像した通り劇的な効果を証明できたというものだ（１９４９年）。

但しこの炭酸リチウム、患者に治療効果を発揮する量が、致死量（投与したり被曝して、死に至る量）に近いため患者が死亡するケースがあった。その上、ごくありふれた化合物なので特許取得が難しいこともあって、製薬会社が商品化に乗り出そうとしなかった。

そんな事情からその臨床使用はすぐには広まらなかったが、１９５４年、デンマークの精神科医がケイド論文の正当性を認め、以後安全対策上血液中のリチウム濃度を測定しながら管理するという使用法で臨床上の使用が始まり、今日では、かつて躁うつ病と呼ばれた双極性障害に使用されている。

第2章　元祖クロルプロマジンの登場

さてリチウムに少し遅れて登場したのが、本題のクロルプロマジン。オーストラリア生まれの炭酸リチウムが前座とすれば、フランス生まれのクロルプロマジンが真打ちだ。

精神科医療の世界でフランスと言えば、18世紀フランス革命のころ、フィリップ・ピネル医師が閉鎖病棟に30年以上鎖でつながれていた精神神経症患者の開放を実現させたことが知られている。彼は人道的精神医学の創始者と称えられ、その後もフランスは、精神医学のリード国としての役割を果たしている。

そんな気風が、クロルプロマジンを生む遠因になったのであろうか？その生みの親は、フランスの海軍外科医であったアンリ・ラボリ。彼は１９３０年代に始まった麻酔下の手術後に患者が死亡するケースを見るにつけ、自身で麻酔剤についての研究を始めている。当時、麻酔術は外科医の守備範囲だったのだ。

モルヒネ嫌いの彼は、代わりの麻酔薬としてプロカインと抗ヒスタミン剤を使用していたが、患者がさらにリラックスできるようにと抗ヒスタミン剤であるプロメタジンの使用に興味を持つようになった。そして、プロメタジンには患者のストレス反応を防ぎ、中枢神経系を安定させ、人工冬眠状態へ導く効果があることに気づくと、これを利用した医薬品開発の相談をフランスの製薬会社ローヌ・プーランに持ち掛けた。そこで、同社は手持ちの候補化合物群（フェノチアジン系化合物）の中からクロルプロマジンを選んで、彼に提供した。

そして１９５２年、ローヌ・プーラン社がクロルプロマジン製剤を悪心・嘔吐・鎮痛などの用途で欧州域内で市販を開始した。一方、ラボリは傷病兵のショック緩和に用いて成功した経験から、精神科医ジャン・ドレーらに精神病患者への効果や副作用を確かめる治験を依頼した。その結果、24歳の躁病患者をクロルプロマジンと睡眠剤バルビツレートの20日間投与で通常の生活に戻すことに成功した。重い副作用があったとはいえ、統合失調症の症状が初めてくすりの投与によってコントロール出来るようになった。

この報告は日本にもいち早く伝えられ、１９５５年に導入・臨床使用が開始されている。またアメリカでは、この薬のおかげで、１９５５年に55万９０００人居た統合失調症の入院患者が10年間で45万２０００人にまで減少したと伝えられている。

ついでながら、これほどの精神医療の向上に寄与したクロルプロマジンの開発に関与した人たちは、ラボリはもとより誰一人としてノーベル賞を受賞していない。それは、ノーベル賞を自身が受賞したいと考えた選考委員がラボリの受賞に異を唱えたからだ、と伝えられている。

このクロルプロマジンは、従来の催眠鎮静剤とは異なる作用メカニズムで効果を発揮するもので、後にメジャー・トランキライザーと呼ばれるようになった。またクロルプロマジンに化学構造の類似した一連の化合物がフェノチアジン系抗精神病薬として、堰を切ったように精神科医療の現場に次々登場した。

さらにその後、別系列の化学構造をもった抗精神病薬が登場する。1957年にはベルギーの薬理学者パウル・ヤンセンが、下痢止め薬の開発過程で合成された化合物ハロペリドール（主な商品名：セレネースなど）に強い抗精神病作用を認め、しかも幻覚や妄想をクロルプロマジンよりも強力かつ素早く抑えることを証明したので、これと構造の類似した一連の化合物を含めてブチロフェノン系抗精神病薬と呼ばれるようになった。

また1969年のクロザピン（主な商品名：クロザリルなど）、1996年のリスペリドン（主な商品名：リスパダールなど）、2006年のアリピプラゾール（主な商品名：エビリファイなど）、2008年のブロナンセリン（主な商品名：ロナセンなど）、加えてクエチアピン（主な商品名：セロクエルなど）、オランザピン（主な商品名：ジプレキサなど）など、文字通り数えきれない種類の薬（いずれも錠剤）が続々登場して、統合失調症の医療は様変わりした。

このようにクロルプロマジンは、いわば元祖統合失調症薬として位置づけられていて、現在でも精神症状のコントロールに臨床使用されている。このため今日では、クロルプロマジン以外の薬をクロルプロマジンの強さと比較して「クロルプロマジン換算値」なる数字をはじきだし、統合失調症治療薬の適正使用量の指標として活用されている。

なおリスペリドンの類似化合物のパリペリドンについては、当初錠剤で経口使用されていたものが、最近注射剤が開発され、最近では3か月に1回の投与が実現している。これだと飲み忘れがなくなり、錠剤のような血中濃度の上振れによる副作用の発現が抑えられ、再入院率が低下したとの臨床経験もある。しかし、何かあった時に体内から取り除けないなどの懸念もあり、良いことづくめではなさそうだ。しかしいずれにしても新有効成分の開発のみならず、投与経路の異なる新剤形の開発・改良も朗報である。

ついでながら、精神科領域の医薬品開発の難しさについて付言しておこう。

一般に動物実験は、医薬品開発の過程で候補化学物質のプロフィール情報を得るうえで重要である。中でも病態モデル動物（ヒトと同じ疾患を持つ動物、疾患モデル動物ともいう）を用いた実験で得られた情報は、ヒトに用いた場合の有効性や安全性を予測する際に極めて有力な情報を提供する。

そして、かつては病気にかかっていない動物を用いて実験せざるを得なかったが、最近では多くの病態モデル動物による実験が可能となっている。

降圧剤を例にとると分かり易い。昔は数多くのラットを2群に分け、一方には候補化学物質を投与し、他方には投与しないという方法でその物質の降圧作用を調べていた。しかしこの方法で血圧降下が観察出来ても、それは正常な血圧を下げただけで、高血圧患者への効果が本当に予測できるのか怪しいものだという指摘もあった。

その後高血圧ラットが開発されると、より正確に高血圧患者への影響が予測できるようになり、実に様々な作用機序を持つ降圧剤が次々開発された今日、広く臨床の場で用いられている。

翻って精神科領域で病態モデル動物が使えるかというと、幻覚や妄想などという高次の精神科領域の分野ではそもそも難しいと言わざるを得ない。将来言葉の本来の意味における治療薬を目指すとなると、何かこれに替わる実験方法や全く新しい研究手段などのブレイクスルーに期待するほかはない。例えば、iPS細胞を用いた研究では、ヒトの臓器や組織をそのヒトの皮膚を用いて作れるようになった。これなら動物実験によらなくても、いきなりくすりの候補物質がヒトの組織や臓器に及ぼす影響を調べることが出来る。さらに最新情報によると、絶滅したネアンデルタール人の脳細胞をその骨から採取した遺伝子を用いてiPS細胞で再現できたとする報告がもたらされるなど、これまで想像すらできなかった実験手法が登場している。

また最近では、日米欧の研究チームが、脳機能の解明に役立つ脳神経細胞の配線図ともいうべき脳の地図を明らかにしたと報告した（2021年10月7日付英科学誌ネイチャー特集号）。そのうち、日本チームは、統合失調症などの精神神経系疾患の治療を中心目標に据えていると伝えられている。

このような一昔前では考えられなかった研究の成果は、ことによると統合失調症の分野にもやがて朗報をもたらすことが期待できることを示唆しており、次なる研究の成果に期待するばかりである。

また臨床家においても、例えば中井久夫は「本来統合失調症は、治りにくい病気ではない。」として「自然回復力を妨害せず、患者の自尊心を再建する治療」を目指して「現れている症状に目をとらわれずに、その人自身を見ること」と「統合失調症の人が持つ優しさや生の喜びを感じ取る心の生ぶ毛を大切にして病抜けすること」を治療の大前提としたとされ、このような考えに立つ臨床家に期待感が高まる。

（参考）

統合失調症のコントロールにとって重大な問題である不眠に対処する睡眠剤についても、様々な進歩が認められる。不眠は統合失調症の先駆け的症状をなすことがあり、また症状のコントロールの度合いを測る極めて重要な指標となっている。

睡眠剤と言えば、かつてはその使用にあたって依存性が問題となるものも少なくなかったが、このところその心配の少ないくすりが次々開発されてきて、症状のコントロールに大きく寄与している。

（注1）　薬の名前には、その物質の化学構造に着目してつけられた「一般名」と、これを錠剤や注射剤などに製剤化して製造販売する製薬企業が、自社製品につける「商品名」がある。

一般名は、薬剤師にとって化学的な性状などを類推し、かつ有効性や安全性について情報を得るために必須だが、専門外の人にとって分かりにくい。

一方、商品名は企業による自社製品の売り込みもあってなじみやすく、記憶しやすいが、くすり自体の情報を端的に表すものではない。

（注2）　本書では、「症状のコントロール」という言葉を再三使うことになる。統合失調症のくすりは、残念ながらいずれも対症療法にとどまっていて、今のところ疾患そのものを治療できるわけではない。その点が他の診療科領域の治療薬と異なることを心にとどめておきたい。

このような事情は、全国の大学病院の精神科主任教授に対するアンケート結果からも明らかである。すなわち、統合失調症の成因について問われると、答えは遺伝的要因と環境要因、生物学的な成因、生育歴、思春期の神経系の成熟の異常など様々である一方、最も必要な治療については、ほぼ全員が薬物療法を挙げている。

このため症状が軽快したからといって、自己判断によって服薬を中止することは厳禁である。

（資料）　技術の系統化調査報告、梅津浩平、Volume 22、March、２０１５、国立科学博物館

「本人・家族のための統合失調症とのつきあい方」岡田裕士編、２０１０年、日本評論社

「統合失調症の過去・現在・未来」、中井久夫他、２０２０年、ラグーナ出版

第二部

「出でよ！精神科病棟」とは

この部では、アメリカ・ケネディ大統領が「出でよ！精神科病棟」政策を発表した経緯について述べたうえで、日本ではその後半世紀もの間、議論だけが騒がしく時が経ってしまった様子を見ておこう。そして、どうしてアメリカのように事が進まなかったのか、何が一体どうなっていたのか、事実関係をひとまず整理しておくことにしよう。

第3章　ケネディ大統領の「出でよ！精神科病棟」政策

クロルプロマジンの登場によって、統合失調症はあっという間に相当程度コントロールしうる疾患になった。世界中で、精神科医療は様変わりしたのだ。

最早多くの症例について閉鎖病棟で監督する必要がなくなり、ましてやそれまでに行われていたインスリン刺激、ロボトミー手術などの治療法は、統合失調症の治療法としての役割を終えたとされている。この時点で、統合失調症は「超」難病から単なる難病に一歩近づいたと言ってもいいだろう。

このような医療の劇的変化を受けて「出でよ！精神科病棟」というべき一大方針を明らかにしたのは、アメリカのケネディ大統領。1963年2月のことで、そのわずか9か月後の11月に、ジャクリーン夫人とオープンカーでダラスを移動中に暗殺されている。46歳という若さであった。

ちなみにこの暗殺劇は、日米間に開通した衛星放送で最初の映像として送られてきたため、日本でも多くの人たちが見て、日米同時ショックを経験した記憶がある。

この頃のアメリカの精神科病棟の実態は、これを描いた小説「カッコーの巣の上で」（1962年発表）やその映画化された映像で明らかになり、世界中に衝撃を与えるものとなった。

その著者は、薬物実験のボランティアとして幻覚剤ＬＳＤ（日本では麻薬扱い）の使用を体験し、精神科病棟の勤務歴をもとに書き上げたケン・キージー。

そこには、病棟を仕切るラチェッド婦長がさながら鬼軍曹のごとく描かれ、世界中の人々に精神科病院の閉鎖病棟は刑務所以上に怖いところ、という印象を与えるのに十分だった。

また主人公のマックマーフィーは刑務所に服役中、過酷な農場労働に耐えきれず精神病者を装って精神病院に潜り込み、ラチェッド婦長の厳格な規則と薬物投与により、患者の人間性が奪われる様が描かれている。

そしてマックマーフィーは、笑いと不屈の精神で婦長に戦いを挑み、無気力状態にあった患者達に自由の喜びと勇気を取り戻すことに成功するのだが、20世紀のアメリカ文学を代表する名作とされるのは、精神科医療の実態を知る各国の読者の共感を呼んだからかもしれない。

その当時アメリカでは、「精神病患者60万人が精神病院に、精神薄弱者（現在では知的障害者と言われている）20万人が精神薄弱施設に収容されており、しかも毎年１５０万人が精神病院と精神薄弱施設で治療を受けていた」といわれている。

そんな状況を大統領教書は、「患者の大多数は、時代遅れの巨大で超満員の州立病院にすし詰めの状態で閉じ込められており…」と伝えている。

ケネディ大統領が打ち出した「出でよ！精神科病棟」施策の三本柱は、こうだ。

第一に精神病と精神薄弱の原因の究明、次いで専門家の増強、そして最後に精神病者と精神薄弱者の対策を地域社会と直結させることを目指そう、というものであった。

そしてこの教書により、閉鎖病棟における監置的隔離という冷酷な対策は終止符が打たれ、地域社会での予防・治療・リハビリテーションの取り組みが始まることになった。

ちなみにケネディ大統領の精神薄弱の妹ローズマリーはロボトミー手術を受けたと伝えられている。さらに統合失調症の姉がクロルプロマジンで症状のコントロールに成功したという裏話も聞いたことがある。

もっともアメリカでは、この閉鎖病棟の開放により、その後ホームレスの患者が増えたとの指摘もあり、一概に立派な政策が実現したとも言い難いようだ。

ここで改めてアメリカの「出でよ！精神科病棟」政策の力学を考えてみるに、病院側が入院中心主義を放棄するいわば「遠心力」のみが働いて、地域社会側が受け皿を用意する「求心力」が不十分だった、と言わざるを得ない。

（資料）「造反有理　精神医療現代史へ」、立石真他、２０１３年、青土社

第4章　半世紀遅れた日本の事情

アメリカを旗頭として諸外国が精神科医療の脱施設化に突き進む中、どうやら先進国では日本だけが遅々として進まず、侃々諤々の議論だけが横行するかに見える日々が続いた。

とはいえ臨床医師の中には、精神科の入院治療を改善しようと試みる人もいた。例えば石川信義医師が、その一人である。石川医師は、1967年に群馬県で三枚橋病院を開設しているが、設立時の考え方を次のように述べている。

「在来の精神病棟構造は、それ自体が患者の病理を深め、悪化させる働きをしているかもしれない。だとすれば、治療にとって、これほど不都合な空間もない。それはただ、患者を保護拘禁する目的に最も適った構造であるというに過ぎない。

精神病院は、「社会を精神病者から守る」という国家的施策に沿って、つぎつぎと建てられてきた。したがって、その建物もまた、必然的に保護拘禁にもっとも適う構造にならざるをえなかったのであろう。この様式は、検討されることもなくそのまま踏襲され、現在もその基本構造は少しも変わっていない。その本質は、まさしく刑務所と酷似しているのである。

だが、病院はあくまで「病院」であらねばならぬ。精神病院をして、社会防衛のための収容所でなく、こころ病める者の治療の場として蘇る、いや、蘇らせるには、どこをどうすればよいだろうか?

治療活動内容の検討もさることながら、同時に、この視点に沿って、精神病院の建築構造も根本から洗い直してみる必要がある。」

そんな考え方に共鳴して病院見学に訪れた医師は少なくなかったというし、多くの病院でも改善が図られたに違いないが、報道で知る限り、石川医師の指摘する「在来の精神病棟構造」を維持したままの病院も存在し続けたようだ。

日本の精神科医療がかかえていたこの間の歴史的事情を、ＮＰＯ法人地域精神保健福祉機構共同代表理事の伊藤順一郎医師がわかりやすく総括しているので、引用しておこう（傍線は筆者）。

「日本の精神医療が欧米諸国と異なる点、それは国の方針として、精神科病院の運営を民間の人々に任せてきたことにあります。

アメリカでもイギリスでも、いわゆる先進国と呼ばれる国々では、精神医療を公的な病院が担ってきました。日本にも例えば都立松沢病院のような都道府県立の病院や国立病院があって、救急医療などの分野で重要な役割を果たしてきていますが、約八割の病院は民間立の病院なのです。つまり国は精神医療の運営を民間病院に任せてきたことになります。

そのため、日本の精神医療は経営を常に考えながら行う、事業としての面を最初から持たざるを得ませんでした。

昭和三十年代、歴史的事実として、日本では精神科病院の大増床が突貫工事的に行われました。それに先立つ昭和二十五年（千九百五十年）、「精神衛生法」が施行され、私宅監置が禁止されました。

私宅監置とは、それまで精神に障害を持った人の世話をしていた家族が、だれにも頼ることが出来ず、また世間から病人を隠しておきたい思いなどから、自宅に座敷牢のようなものを作ってそこに病人を閉じ込めていたことを指します。

国はその代りに、都道府県に公的な精神科病院を作り、そこで精神障害をもった人々の治療をおこなうことを求めたのですが、財源不足などから遅々として進みませんでした。

結局、民間の力にゆだねようということになり、精神科病院が作りやすいよう、国は昭和三十二年（千九百五十七年）に「医療法の精神科特例」と呼ばれる厚生省（現・厚生労働省）事務次官通知を出したのです。

これによって、精神科における精神科医の配置基準は一般科の三分の一、入院患者四十八人に一人でよりことが定められ、看護職も一般病床の三分の二、入院患者六人に一人で良いことが定められたのでした。さらに昭和三十五年（千九百六十年）、きわめて低金利で融資を行う医療金融公庫（現在は独立行政法人・福祉医療機構）が設置されると、精神科づくりに拍車がかかり、毎年精神科病床数は一万床から一万五千床といったハイペースでのびていきました。

これらは、戦後の高度経済成長の始まりにあたって、労働力として期待できない人々を大量に収容することが意図されたことを表します。特に昭和三十九年（千九百六十四年）に起きた統合失調症の少年によるライシャワー米国大使刺傷事件は、「精神病者を「野放し」にするな」キャンペーンを生み、

「患者狩り」と呼ばれるような強制入院を促進してしまったのです。

そして本来、自分を傷つけたり他人を傷つけたりする恐れのある患者さんに対して行われる、全額公費による「措置入院」が、貧困層の患者さんの入院にあたって極めて甘く適用され、これによって、民間病院に大量の措置入院患者が生まれました。これは経済措置と呼ばれますが、全額公費ですから、病院側はとりはぐれることなく、確実に入院費を得ることが出来たのです。

これらの歴史は、日本の精神科病院が治療的な装置でなく、精神障害をもった人々を社会から隔離する装置として大量に作られたことを意味します。そこでは民間病院と言いながらも、治療の質を中心とした競争原理―治療成績が良くて周囲の評判もよく顧客である患者さんから信頼される病院が、さらに顧客を集めて収益を上げることで医療環境を良くして、いっそう質の高いサービスが出来るようになるという、良い循環が生まれる競争原理―が働かなかったわけです。

むしろ精神科特例が促した「少ないスタッフによる病棟」の構造は、治療的取り組みを阻み、精神医療の現場では一時、患者を長期に療養のため入院させておくことが、患者さんのためにも、家族のためにも、社会のためにも病院経営のためにも良いのだという文脈が作られてしまいました。

そして、他科より格段に低く抑えられた入院医療費のなかで、長期入院の患者さんで病院を常に満杯にしておくことが、手間をかけずに経営を安定させるために、最も効率の良い手法として、なかば黙認されてきたのです。」

伊藤医師のこのような見方が多くの精神科臨床医師の間で主流を占めているとするならば、どうして彼らの考えに沿った形での「出でよ！精神科病棟」政策が、日本では遅々として進まなかったのだろうか？その理由を知るには、医療やくすりだけを考えていたのでは分からない、精神科病院の経営に付随する様々な要因にも目を向ける必要があるのではないか、と考えて第三部に筆を進めたい。

（資料）「おりおりの記」、石川信義著、１９９０年、星和書店
「精神科病院を出て、町へ」伊藤順一郎著、２０１２年、岩波書店

第三部

半世紀遅れの「出でよ！精神科病棟」

第二部までに述べたように、クロルプロマジンの登場によって統合失調症の医療は大幅に改善され、この薬は日本にも直ちに導入された。またクロルプロマジンのおかげで、アメリカではいち早く精神科医療における脱施設化の方針が打ち出され、欧州諸国もこれに続いた。

ところが日本では、ケネディ大統領教書に匹敵するような行政方針の変更を明示した文書が見当たらない。仮に「入院医療中心から地域生活中心へ」の基本的方針が提示された、２００４年の「精神保健医療福祉の改革ビジョン」をスタート台と考えると、ほぼ半世紀遅れということになる。

この半世紀もの間、家族会、有識者、マスコミなどがいろんな機会をとらえて精神科医療の入院中心主義に疑問を投げかけ、また鋭い反論を試みた。精神科病院における入院患者の在院日数の長さと病床数の多さが医療の質とどう関わるのか分からないが、確かに世界各国と比較して際立っていた。

欧米諸国においてクロルプロマジンの使用により精神科医療の脱施設化が実現したというなら、ほぼ同時期にクロルプロマジンが使用可能となった日本でも、同じような状況が訪れていてしかるべきであった。それなのに何故？

第４章では伊藤医師の「日本の精神医療は、常に経営を考えながら行う」との指摘を紹介したが、果たしてそれで説明されつくされているだろうか？私はかつて厚生省で医薬品行政に関わった経験から、欧米諸国には見られない「くすりにまつわる、異様とも言える特殊な医療慣行」が、つい最近まで日本に残っていたことも、その要因の一つと考えている。

そこでこの部では、日本の半世紀遅れの「出でよ！精神科病棟」政策を、これまで語られることのなかった、くすりにまつわる日本の特殊な医療慣行という要素も加味しながら論じることとしたい。

第5章　医師がくすりを売る？弊害

明治以降、日本政府は、明治維新の一環として多くの学者・研究者をドイツに留学させて最先端のドイツ医学を日本に導入し、西欧に遜色のない医療は徐々に実現した。そしてそれまで広く行われていた漢方医療は、あっという間に片隅に追いやられた感があった。

一方患者が支払うべき医療費については、１９２２年（大正11年）労働者の健康を図りさらに産業の成長を期して、ドイツ疾病金庫を見習った健康保険制度が始まり、さらに１９３８年（昭和13年）には、主な加入者が農民の国民健康保険が始まっている。

その上１９６１年（昭和36年）には国民皆保険が実現し、誰もが保険証一枚で医療が受けられ、後々「世界に冠たる」という形容詞句がつけられるほど充実したものとなった。

そしてその成果は、無論栄養の改善など他の要素もあろうが、平均寿命の長さという形で結実している、と言っても過言ではないだろう。さらに昨今の新型コロナウィルス・パンデミックを機に、日本における死亡率の低さが際立ち、日本の医療体制は改めて高く評価されている。

それなのに、一体何が問題だったのか？

その疑問に答える手がかりとして、明治初めに時の政府がドイツから最新の医療技術と体制を導入しようとして、ドイツ人医師を招いた時のエピソードを紹介しておこう。

明治4年に政府の招きによって来日したドイツ人陸軍軍医ミュルレルと海軍軍医ホフマンは、当時の医療の状況を実態調査して、医師が診療と投薬を兼業する姿に驚きあきれ、そんな医療慣行の弊害を厳しく指摘した。そしてドイツの医療を導入するのであれば、医師がくすりを売る習慣を止めさせなければならない、と鋭く指摘した。ドイツ人医師にとって医師がくすりを売るのは驚天動地の行為であり、日本の常識は西欧の非常識だったのだろう。

「医師がくすりを売る？」それは一体何のことだ、と眉をひそめた読者もおられるに違いないが、その頃の事情は、例えば石川啄木の妻の日記と家計簿からも知ることが出来る。

啄木が中学時代に知り合い19歳で結婚した妻・節子は、啄木の指示で家計簿をつけていたのだが、その随所に「薬代」や「薬価」の文字が認められる。医師が往診に来た日も「薬価」と言う記載があるが、投薬の有無にかかわらず医師に支払うお金を「薬代」、「薬価」と表記していた。つまり当時、患者は医療費をくすり代と認識して支払っていたのだ。

実は明治政府が西欧に倣って医師免許制度を導入する以前、すなわち江戸時代まで日本の漢方医は「くすし」と呼ばれ、患者を診察した上で薬種問屋から入手した漢方薬を与える、すなわち西欧の医師から見れば、「くすりを売る職業人」と認識されていたのだ。

西欧に先立ち世界で初めて全身麻酔に成功した江戸時代の外科医・華岡青洲を思い出してみよう。彼は実母や妻に自分で開発・調合した麻酔薬を用いて人体実験を試みてこれを完成させ、後に乳がん患者などの外科手術を成功させたことで知られている。

その開発の段階で、薬種問屋で購入したチョウセンアサガオ、トリカブトなど6種類の薬草を薬研（軸の付いた車輪状の道具）で磨り潰す姿が印象的だが、当時の「くすし」すなわち今でいう医師は、例外なくこのような形でくすりに関わっていた。

それが漢方医療の常識であり、当時誰一人として疑う人はいなかった。「くすし」は今風に言えば、医師と薬剤師の仕事を兼業していたのだ。

明治政府はミュルレルらの指摘に慌てふためいて反応し、医師が薬を売る習慣を止めさせることを宣言するともに、新たに薬剤師制度を創設して医療の近代化に備えようと準備を進めた。

ここに西欧に倣った「医薬分業」を実施する一大方針が打ち出されたのだ。

しかしこの医師が薬を売る習慣は、その後も長い間改まることはなかった。その理由を当時の行政文書は次のように述べている。

1．薬剤師の数が医師の数に比して少ないこと
2．薬局の分布状態と設備が十分でないこと
3．日本では二千年以上医師は薬を売った利益で生計をたてていて、一般人もそれに慣れていること

＊原文によると「本邦ニ於テハ（中略）二千有余年ノ久キ医師ハ専ラ売薬ノ益ヲ以テ生計トシ一般人民モ亦其ノ便ニ頼ルモノナレハ…」とある。

何と医師が薬を売るのは、この国においては二千年有余の歴史を誇る、いわば政府公認の社会慣行

だったのだ。言い換えれば、医師の収入も病院の経営も、くすりを売った収益で賄うのが日本流だったのだ。

そういえば、私が学生時代に京都で内科医師夫妻のお嬢さんの家庭教師をしていた昭和40年代のこと。その子のお母さん医師が、私に卒業後大阪の製薬会社に就職するように勧め、半ば自虐的に「私たちはくすりの売り子みたいなものですから。」と言われた。

その一言は、今でも記憶に残っている。ご主人医師もそばで「うんうん」とうなずいておられたから、世間知らずの私が知らないだけで、昭和の医師にとって「医師がくすりを売る」は、当たり前の常套句だったのかも知れない。

ところが私は、その後の不思議なめぐりあわせで、厚生省入省後何年かしてこの医薬分業問題を担当することになった。そして、このように長く続いた医薬「非」分業という世界にも稀な社会慣行を変えることは容易でない、否とても難しい、と実感した。

その上、日本薬剤師会の人たちが明治から始まって、大正を経て昭和末年まで医薬分業を求める政治闘争を繰り返し続けたものの、さしたる成果が得られなかった歴史的事実を目の当たりにした。

（資料）「厚生省五十年史　記述編」、厚生省五十年史編集委員会、１９８８年
「医師がくすりを売っていた国　日本」、山本章著、２０１５年、薬事日報社

第6章　医薬「非」分業の弊害

医薬分業は、今から千年以上前に西欧諸国の修道院で医療に携わった修道士の間で始まったとされている。そして錬金術に端を発した、今でいう薬化学や植物化学に強かったイスラム文化の影響を受けて薬剤師業務が確立したもの、と言われている。

医薬分業とは一言でいえば、医師が患者を診察して処方箋を書き、その処方箋に基づいて調剤した薬剤師が患者に薬を渡すというもの。修道院の中で患者を診断治療する修道士（のちの医師）と、薬草を採取・乾燥・加工してくすりを製造・保管管理・調剤する修道士（のちの薬剤師）の間で、いわば自然発生的に誕生した医療慣行と見ることが出来る。

しかし識者の中には、中世の西欧では支配者階級の間で毒殺が頻発し、これに医師が関わったことを背景に医師には処方権のみが認められ、調剤権すなわちくすりを調整して患者に渡すことは薬剤師に認められた、という説を唱える人もいる。

いずれにせよ、諸外国では日本語の「医薬分業」に相当する言葉が見当たらないほど、中世から続く当たり前の社会慣行となっていた。

ところが1970年（昭和45年）に厚生省に入省し薬系技官として勤務を始めた私は、当時全国押しなべて、医薬「非」分業真っただ中という医療事情とその弊害を目の当たりにする毎日であった、と記憶している。

その当時も街の薬局はそこここに存在していたが、医師が処方箋を患者に渡す習慣がほとんど行きわたっていなかった。そのためその薬局店頭には、処方箋を要しない大衆薬の他、化粧品、トイレタリー製品、タバコ、新聞・週刊誌、果てはパンスト、競馬新聞が並ぶ始末であった。

日頃そんな有様を目にする医師が「こんな薬局に大切な処方箋の調剤を任せるわけにはいかない」と考えても無理からぬところであった。

そして振り返ってみると、前述のように１９６１年（昭和36年）に国民皆保険制度が実現し、経済成長著しい世の中を迎えて、製薬会社は薬を作りまくり、売りまくった。そんな時代的背景も作用していたようだ。

「売りまくり」を具体的にいうと、当時の製薬会社にはプロパーと呼ばれる医薬品販売員がいて、病院・診療所の医師を訪ね歩いては、押し込み販売と言いたくなるような売り方をした。

特に顕著であったのが抗生物質。例えば医師が１０００錠の抗生物質を注文すると、プロパーはなんと購入量の10倍、１万錠のオマケをプレゼントしたのだ。この場合、10分の1以下の原価で安く薬を購入した医師は、医療保険上正規の薬価基準価格で診療報酬を請求して、巨額の差益を得ることが出来た。これは当時「薬価差益」と呼ばれ、病院・診療所経営の原資として寄与していると非難された。

医師は患者の状態を見て必要な医療を提供するはずであるから、間違っても不必要な医薬品を処方したり、余分な量を処方することはあり得なかったはずであった。しかし現実は、病院・診療所内の薬局に薬の順番を待つ患者があふれ、スーパーの買い物袋より大きな袋に詰め込んだ薬を抱えて帰る姿が目に付いた。

また当時、病院・診療所は、外来患者に処方箋を渡さず薬袋に入ったくすりを直接患者に渡したから、患者は錠剤の記号以外薬の名前を知る由もなく、中にはヒートシールの医薬品名の部分をわざわざ切り取って渡す医療機関もあった。購入価格の安い医薬品を患者に渡したが、同じ成分の高価なブランド品を使ったものとして保険請求したことを隠そうとしたのだ。

その上、そんなこんなの要素も絡まったためか、昭和40年代というと、医薬品の副作用問題が頻発した。その当時はというと、抗生物質の元祖ペニシリンによるショック死、抗結核剤ストレプトマイシンによる難聴、睡眠薬サリドマイドによる催奇形、整腸剤キノホルムによるスモン病、関節リュウマチなどに使われたクロロキンによる網膜症、注射剤による大腿四頭筋拘縮症等々、副作用問題は数え上げればきりがなかった。

そしてその中には、スモン病など日本でしか見られない副作用事象もあり、医薬「非」分業の関わりが否定できないものも少なくなかった。そして、そのうち「薬害」と言う言葉も使われるようになった。

当時私は医薬品の安全対策を所管する部署に所属していたので、当時の薬事法（現：薬機法）に基づく使用上の注意を医薬品の添付文書に記載させて、医師に注意を喚起する業務に携わっていた。しかしこれは医療機関に対する医薬品の売り込みの妨げになるとして、製薬企業はこれに随分抵抗した。製薬企業にとっては、医師との蜜月関係を保って自社製品を存分に使ってもらうことが経営上の命綱だったからだ。

この時の経験から、一刻も早く医薬分業を達成して、医師が患者にとって必要な薬の種類と量を決定し処方箋を書き（言い換えれば、くすりの在庫を意識することなく）、患者は自分の使用している薬について知ることが当たり前になるような世の中にならなければならない、と強く感じた。

このため私は、昭和の末年医薬分業推進を担当する課長補佐になったのを契機に、「遅れついでに世界に冠たる医薬分業を！」と言う標語を勝手に作って、医薬分業の推進にまい進した。今思えば、精神障害者の家族になる直前のことであった。

以上、医薬「非」分業時代の医療機関全般におけるくすりの使われ方とその弊害について述べたが、精神科医療の現場においても例外ではなかったはずだ。そして今振り返ってみると、むしろくすりに頼らざるを得ない精神科に特有の弊害もあったのではないか、と考えるようになった。

なおこの間の経緯は、拙著「医師が薬を売っていた国　日本」で詳しく述べている。（全国の大学薬学部・薬科大学の図書館に寄贈しておいたので、ご覧いただきたい。）

（資料）「医師がくすりを売っていた国　日本」、山本章著、２０１５年、薬事日報社

第7章　精神科病院の経営

といったところで、話を精神科病院の経営問題に戻そう。

日本の精神科医療の入院中心主義については、無論医療関係者の間で長年問題視され、関係各方面で検討が続けられてきた。

一旦入院した患者の管理は医療スタッフの責任であり、病棟で安定出来ない人が退院して安定するはずがない、というある種の神話がある、という医師のコメントを聞いたこともある。また患者とその家族もそれにすがっていることが、入院中心主義の根本原因という意見も聞く。

さらに第4章で紹介した伊藤順一郎医師が説く、日本の精神医療が抱える歴史的事情が根底に横たわっていたことも忘れるわけにはいかない。

しかし問題は果たしてそれだけだったのか？

私は自分の経歴からして精神科病院の経営実態を知る由もないが、例えば診療明細書から想像するに、診断方法や治療方法が多岐にわたっていて検査料・手術料・処置料などが得られる他の診療科と異なり、精神科では今も昔も医師による診察料、投薬料、薬代（特に薬価差益）の他に入院料が入ってくる位のものと思われる。

つまり精神科では、他の診療科と比較して薬代と入院費が、経営上比較的大きな収入源となっていたのではないか？

逆に言えば、日本の「出でよ！精神科病棟」が半世紀遅れとなった理由の一つに、患者が精神科病院を退院すると、病院側が経営上困ったことになる実情もあったのではないか？と勘繰りたくもなる。現にある精神科病院の院長が、「長期入院患者の病棟では一床当たり年間４００万円の収入がある。１００床だったら4億円ですよ。」と発言しているのを聞いたことがある。

病院経営の経験のない者が言ってみても始まらないが、例えばベッド一つを取ってみれば想像がつくことだ。昨今のコロナ騒ぎで入院患者数が急増すると、たちまち医療逼迫・崩壊の一因となることは、世界中で見られた現象だが、かといって、重症コロナ患者専用の病棟・病床を急遽整えた医療機関にとっては、仮にコロナ感染が一気に終息に向かえば、無用の長物となる。診療報酬は患者の医療行為を実施した段階で支払われるから、空床にしておくと、その分まるまる赤字になってしまう、そんなことは容易に想像できる。

事ここに至って門外漢は、下司の勘繰りと言われかねないが、日頃見聞きする一般の商取引を参考にして考えるしかない。

コンビニを例にとると、消費期限内に売れなかった食品は、廃棄するよりほかないし、廃棄にも費用を要するのは辛いところだ。また図書販売を例にとると、岩波書店などのように全国の書店に売り切りで届けて、売れ残っても書店が処分することで利益を確保している出版社もあるという。しかし多くの出版社は取次を通して書店に販売を委託する形を取っているから、売れ残った書籍は出版社に戻って来て、出版社が処分していると聞く。

このように在庫品の処分は、どんな業種の経営者にとっても常に頭痛の種である。というのも在庫となっているモノは、生産のために人件費・材料費・高熱水道費・販売促進費…、あらゆる経費を使ってしまった上で存在している厄介な代物だ。しかも税務署から見ると売れればお金が入ってくる代物で、財産の一部としてカウントされる。経営者であれば誰でも、出来れば誰かに押し付けたい存在なのだ。

かといって在庫を絞りすぎて欠品を出すとビジネスチャンスを失うし、そもそも供給責任を果たしていないとの社会的批判も浴びる。げに、在庫過剰も欠品も商売上煩わしい限りだが、病院の病棟もこれに似て、満床で患者が入れられないのも困るが、空床を抱えると経営上困ったことになる、そこに問題があるのではないか。

第8章　未整備の薬局調剤

医師会側の抵抗があって医薬分業がなかなか進まなかった昭和40年代、当時の日本医師会長・武見太郎氏が東京銀座のクリニックで処方箋を発行していたことは、あまり知られていなかったが、実は同氏の処方箋は、先進的な試みを始めた文京区の一部薬局が応需していた。

この事実から分かる通り、武見会長は個人的には医薬分業に賛成し、かつ実践していた。しかし、武見会長は、街の薬局の実情を見る限り全国レベルで医療分業を実施するのは難しいといった主旨の発言を繰り返していた。明治政府が指摘した薬局側の問題が、未だに解消されていない、と考えていたのだ。確かにその頃の薬局の店先には、トイレタリー製品、パンスト、競馬新聞、週刊誌などが歩道にまではみ出していて、店内には処方箋を必要としない大衆薬がズラリと並んでいた。

いつぞや都内をぐるりと回る環状八号線の道路沿いに、元薬局のものと思しき「タバコ、くすり」と書かれた古びた看板を見かけたことがある。昭和の終わり、平成の初めの頃と記憶しているが、何とタバコが薬より上に書いてあったので、強く印象に残っている。薬剤師の本来業務である処方箋調剤の業務がない毎日、収益率の良いタバコの販売に薬局経営を委ねていたことを物語っていた。

そして昭和49年に医療保険の支払い上、医師の処方箋料を高くして処方箋発行を促す施策がとられた際には、一気に医薬分業推進の機運が高まるかに思われた。医療機関が診療報酬だけでやっていけて薬価差に頼らなくても経営できるようにしたのだ。

薬局側はこれに備えて医薬品を備蓄する一幕もあったが期待外れに終わり、これに懲りた街の薬剤師にとって引き続き大衆薬の販売に生きるしかない時代が、昭和の末年頃まで続いてしまったのだ。

当時薬剤師会の幹部は医薬分業の先進国ドイツを度々訪れ、中世から続く重厚な構えの薬局を見学する度にため息をつくばかりであった。しかもその立地は銀行と並んでその街の一等地を占めていた。またドイツの薬局薬剤師には「薬局の先生」の風情があったが、当時処方箋を扱えなかった日本の薬局薬剤師は、どこから見ても「くすり屋の親父」でしかなかった。そして彼らにとって不本意な状況が続いて、しかも肝心の患者にとって不利益極まりない医薬「非」分業の状況が、昭和の末年頃まで変わることはなかった。

このことは一体だれの責任だったのだろう?医療機関が薬価差にしがみつき、あこぎに儲けていると指摘する報道もあった。薬剤師の不勉強とやる気のなさを指摘する医師もいた。さらに、行政が一旦は医薬分業を政策課題に掲げておきながら、医師会側の圧力に腰砕けになった、と言う人もいた。

厚生行政の中で一時期この問題を担当した私は、「そもそも医薬分業という、この種の社会慣行は言ってみれば歴史の所産である。西欧では何の疑問もなく脈々と受け継がれている慣行で、法律を作っても変えてみても、おいそれと変わるものではない」という結論に達した。

そして医薬「非」分業は、医師と言わず・薬剤師と言わず・患者と言わず、日本人として生まれた限りおいそれと変えられるものではない社会環境と言うべきものであった。そして厄介なことに、誰一人逃れることが出来ない日本の時代背景から来るもの、としか言いようのないものであった。

あえてその例えを探すなら、欧米諸国におけるチップか。欧米諸国を旅すると、タクシー、理髪店、レストランなどでは当然の様にチップを置くことが習慣となっているし、ホテルでは荷物運びのボーイやベッドメーキングのルームメードにとって、チップは大切な収入源と聞く。また国によってはトイレを借りるのにも必要とあって、そんな習慣のない日本人にとって煩わしい限りだが、彼の国の人々にとってあまりにも古くから続く当たり前の習慣と見えて、何の抵抗感もないようだ。

しかし中には「本当はない方がいい。チップの習慣がない日本がうらやましい」と訴える人もいて、日本を旅する欧米人にとって魅力の一つになっていると考えられる。かといって、それで生活している人も大勢いて、法律でやめさせられるような習慣でもない。

チップを医薬分業の例えに持ち出すのはいささか筋違いだったかもしれないが、このような社会慣行は少なくとも薬剤師会が主張した法律改正で対処するような事柄ではない、ということを説明したかったのだ。

ともあれ、患者が持参する処方箋に基づいて街の薬局の薬剤師が調剤するのが当たり前になったのは、全国押しなべて言えば平成に入ってからのことである。それまでの間、処方箋発行を考え始めた医師の側から見れば、薬局の調剤に取り組む体制の未整備状態は依然不安材料であり、医薬「非」分業の原因の一つであったことを忘れてはならない。

第9章　退院後の受け皿

仮に精神科病院が入院用ベッドの削減に踏み切ろうとすると、退院する患者はどこかに居を移さなければならない。この現実問題を見過ごして精神科病院における退院促進事業を急激に進めるわけにはいかない。遠心力だけで物事が動かないのは、自明の理だ。

患者が地域で暮らせるようにするためには、地域からの「求心力」も働かなければならない。これがなければ、病院を出たのはいいが、多くのホームレスを生むだけの結果に終わったアメリカの例は、第3章で紹介した。

患者の立場に立って考えてみると、上げ膳・据え膳で何もしなくても日々暮らせる病院を出れば、その日からそうはいかなくなる。グループホームと言えども、身の回りのことを自分でせざるを得ない日常生活が待っている。

そんな思いから引き続き入院生活を選び、家族もそれで結構、というケースもある。このことも、これまで精神科病院の入院中心主義の一因となっていたのではないか?それが、いわゆる社会的入院と言われる現象である。

また1964年に精神障害の青年がライシャワー駐日米国大使を切りつけて大けがを負わせた事件が契機となって、国が精神障害者を「収容」するために精神科病院を増やす政策をとったことが原因と指摘する人もいる。

日本の場合、精神科病院側が長期入院患者に頼らない病院経営を志向し、入院患者を出来るだけ早く退院させようにも、受け皿なしでは事は進まないのは、アメリカのように後先を考えないで退院を促進し、ホームレスの増加を招くようなドライな措置がとれないから、という見方も成り立つ。

長期入院がなかなか改善されない状況について、一体いつになったら変わるのかと怒りをあらわにする支援者もいるが、私なら「その答えは、グループホームなどの受け皿が整ったとき。」と言いたい、いや言わざるを得ない。それでは時間がかかりすぎるという人もいるだろうが、それしか解決策がないと、関係者が腹をくくるしかない。

このことは、全国に30万人を数える入院患者の何割かのために地域の受け皿を用意しようとすると、結構な財源と人材の手配、それに地域社会の理解が必要になってくることを意味している。そしてそれは自助・共助・公助の合わせ技で達成するしかない、と考えられる。

なお、この自助・共助・公助の関係について、２０１３年の社会保障制度改革国民会議はその報告書の中で、「…日本の社会保障制度においては国民皆保険・皆年金に代表される『自助の共同化』としての社会保険制度が基本であり、国の責務としての最低限度生活保障を行う『公助』は自助・共助を補完するという位置づけとなる。」と述べている。

この部のまとめとして最後に、精神科病院の経営問題解消、街の薬局のさらなる整備、そして患者の退院後の地域における受け皿の充実がなければ、この問題の真の前進はないことを、今一度強調しておきたい。

第四部

精神科医療機関と街の薬局の今

以上第三部までに、日本の「出でよ！精神科病棟」政策がアメリカより50年遅れた特殊事情を概略説明した。

かつて、「医は仁術」と言う言葉があった。また、これを揶揄して「医は算術」と言う言葉を聞くこともあった。そもそも医療と言うのは、長年の医学の進歩を積み重ねて得られた技術の成果を社会的に適用する、すなわち患者に適用すること、と捉えることが出来る。ところが医業と言った途端に、経営という厄介な算術的要素が加わってくる。言い換えれば、病院や診療所の敷地・建物を用意し、医師・看護師その他従業員を雇いながら、医療機器を備えて給食・掃除…、数え上げればきりのない要素が渦巻いている。

そういえば、かつてシドニーで開催されたＷＨＯ西太平洋地域委員会の席上で知り合ったオーストラリアの参加者のことを思い出した。

医師でも薬剤師でもなさそうなので聞いてみたところ、病院経営が専門で、元々は大型客船の運航に携わっていたという。そんな人がなぜこんな会議に？と不思議がる私に、船には船を航行させる船員、エンジンなどの機関を担当する機関士、客員に対するサービス要員などがいて、食糧・水・重油などを積み込むなど、基本的に病院経営と全く同じだと語っていた。

なるほど江戸時代の赤ひげ先生が素晴らしく見えるのはこの煩わしい経営を考えずに医療に専念し

ている姿を見せているからではあるが、翻って私は医学・医療・医業の違いをそのように理解している。

しかし今日、かつて病院経営上当てにしていた薬価差益はないに等しい状況になって、その代わりに診療各科において医師の診療報酬がきちんと担保されるようになるなど、医療機関の経営が本来あるべき姿になってきている。

しかも長期入院には、医療技術の進歩も相まって診療報酬上ある種の制限がかかるようになったことは、精神科病院においても長期入院を解消する方向に作用し始めている。

また調剤薬局についていえば、平成年間における医薬分業率の向上（分業率75％）によって、全国的にその整備は進められた。

このような医療を取り巻く環境の変化が「出でよ！精神科病棟」現象に様々な影響を及ぼし、精神科医療機関や薬局がどのように変わりつつあるのか、を見ておく必要がある。

しかも医療提供側の変化以外にも、患者を取り巻く様々な環境の変化も見逃すわけには行かない。例えば入院患者の大半がスマートフォンを持っていて、随時外との連絡は可能であり巷の情報も入ってくるから、一昔前のような、病院に閉じ込められている感じがほとんどなくなっているのではないか。最早閉鎖病棟と言う言葉は、急性期を除いて死語になりつつあるのではないか、と考えられる。

そして何よりも、このところ精神科医療にも他の診療科同様、診断や治療にガイドラインが導入され、病院、診療所を問わず、医師がそれに準拠して治療が行われているようになっている現状は、患者や家族には気付きにくい事柄である、と指摘する臨床家もいる。

一言でいえば、精神科病院の病棟と精神科クリニック、それに医薬品を供給する街の薬局は、数的にも業務内容的にも、また患者の受ける印象から言っても、徐々に変貌を遂げつつある。

そこでこの部では、精神科病棟を出た後の、地域における受け皿問題を考える際の前提として、精神科医療機関と街の薬局の最新の状況と相互の関係を見ておこう。

第10章　精神科病院の今

我が国の精神科病床数は今もって30万床を超え、先進各国のなかでも人口当たりの病床数は世界一で、在院日数も２００日以上と、他の先進各国の20日以下と比べて極端に長い。

特に問題とされているのは、重度かつ慢性で治療に抵抗性を示すとされる20年以上の長期入院患者が2割近くを占めている事実。ところが、一方で4割の患者は地域移行が可能とされている。ということは、ざっと見積もって12万人が退院可能となる計算だ。

そんな数字もさることながら、そんな病院勤務をいち早く切り上げた精神科医の森川すいめい医師が、その著書の中で明らかにしている精神科病棟の状況は、正に「阿鼻叫喚」という言葉がふさわしい。かつて厚生省での仕事柄、法務省の八王子医療刑務所を見学したことがあるが、極悪非道の犯罪を犯した上に重病に陥った者が収容されている施設でさえ、清潔かつ静かであったのに。

このような状況は、古くは１９６８年にＷＨＯ（世界保健機関）から派遣された英国人D．クラーク博士による日本の精神科医療に対する勧告の中でも明らかにされている。

彼は、当時の状況が他の先進国の趨勢からかけ離れた状態にあり、長期収容に陥っている精神科病院の改善に取り組むとともに、リハビリテーション、地域精神衛生活動を目指すよう精神医療施策を転換するべきと指摘している。しかし当時、国も医療現場もこの勧告を顧みることがなかったとされている。

その後累次の法律改正がなされる一方、リハビリテーションや社会参加のための治療技法が徐々に精神医療や福祉の分野に取り入れられてきた。そして最近では以上のような問題意識から、国の医療法による医療計画を策定する際の精神疾患の医療供給体制について、次の三つの留意事項が示されている。

・長期入院精神障害者の地域移行
・精神障害にも対応した地域包括ケアシステムの構築
・多様な精神疾患等への対応

このような動きに呼応したかに見えるドラスティックな変貌は、一例を挙げれば北海道・浦河町で先進的な取り組みを続ける「べてるの家」とその関連施設に見られる。

「べてるの家」は、精神障害当事者やその家族を対象とした「当事者研究」で有名であるが、その関連の浦河赤十字病院の精神神経科病棟が２０１４年に休止し、実質上の病床ゼロ体制にこぎつけたことでも知られている。

このため、世界中から研究者や志を同じくする関係者が、その先進的な取り組みを見学するために訪れているという。

一口メモ　当事者研究

統合失調者の当事者の引きこもり・過食・自傷行為・大声を出すなどの行為は、様々な症状に対して受け身でなく自己対処せざるを得ない状態と理解して、当事者がより良い自助の方法を探ろうというもの。北海道浦河の「べてるの家」で始まった。

例えば当事者が「幻聴が来てつらい」と言う場合、「幻聴さん」というべてるオリジナルのキャラクターをホワイトボードに描いてその様子を表現したり、ミーティングの参加者がロールプレーで演じるなどしているという。

また統合失調症の当事者が、例えば「統合失調症おせっかい幻聴タイプ」、「統合失調症内弁慶爆発タイプ」など、「医師の診断名＋オリジナルの苦労のネーミング」と言う組み合わせで「自己病名」をつけるといった工夫が伝えられている。

これは自分自身の状態を客観視して初めてできることであり、病識を得るということの疾患と向き合う上で最も大切な一歩と考えられる。医師がカルテに記載する診断名や保険請求に使われる疾患名とは異なっても、当事者にとって自分自身を知る上で有力な手段と考えられる。

このシステムの開発にあたった向谷地生良は、問題解決の技法ではなく、生活の中で起きてくる現実の課題と向き合うための「態度」と捉えている。

当事者に病識を獲得させることは、医師にとってもその後の医療の成否の鍵を握る最も難しい作業であり、また当人にとっては症状コントロールの第一歩と考えられるが、ユーモアを含んだ表現手段を用いてミーティング参加者の前で披露することによって実現させている点が注目される。

一方、臨床家の中には、入院中心の精神科医療の在り方について問題意識を持ち、根本的に考え直して、新しい取り組みを試みる人も出てきている。例えば、前述の伊藤順一郎医師らによる多職種チーム訪問型のＡＣＴ（包括型地域生活支援プログラム Assertive Community Treatment の略、アメリカで始まった。「アクト」と呼ばれることが多い）が注目に値する。

ＡＣＴでは、訪問チームが精神科医師の他、看護師、ソーシャルワーカー、作業療法士などの多職種で構成され、場合によってはカウンセラー、就労支援の専門家、当事者スタッフも参加して、重症患者の居宅を訪問し集中的にケアする。しかし、ＡＣＴによる支援は、病気の症状を良くするというよりも、症状を抱えつつも地域での生活を続けることに寄与するものだという。精神科医療と精神障害者の生活上の障害を分けて考える必要がある、ということかも知れない。

ＡＣＴの試み、診療所との比較、コスト如何?引きこもり対策としてはいいかもしれないが、精神疾患が原因でないケースもある、重症例で入院中に患者の同意が必要など、様々な課題も指摘されているようだ。

一方高木俊介医師は、10名程度の多職種チームのメンバーと共に150名の患者を診ていて、その経験を次のように紹介している。

「医療と福祉という互いに相補うものを一つの組織に統合する。そうして、病状の重い時期の治療から、リハビリテーション、社会復帰、就労の支援までを一貫して行う。しかも、それを、現にその困難が起きている生活の場で、しっかりとした人間関係をつくりながら行うのだから、これこそ理想の精神医療、福祉のあり方だといってよい。

この理想を少しでも実現していこうという試みが、私たちの行っている精神科在宅医療と生活支援だ。

私は、これこそが、精神科の「先端医療」であると思っている。」

さらに新しい試みとして、フィンランドの臨床心理士ヤーコ・セイックラが1980年代の初頭に始めたという、オープン・ダイアローグについても触れておこう。

前述の森川すいめい医師によると、この方法も、患者やその家族から依頼を受けた医療スタッフが医療チームを患者宅に訪問して、症状が治まるまで毎日対話するもので、入院治療・薬物治療は可能な限り行わないとされている。

以上、医師が医療スタッフと共に患者宅に訪問する姿は客観的に見て、ともすると医師が病院や診療所中で見せがちな権威主義的雰囲気が薄れ、新時代の精神科医のあり方が実験的に示されているように思われる。

しかし果たして全国の多くの患者に実際に適用できるのか、また、すぐさま今の精神科の入院医療と置き換わるものか等々疑問もある。また年配の医師にとっては結構難しいとも聞くが、例えば引きこもりの方にはかけがえのない手段とも考えられるし、ACT以前の訪問診療においても、訪問の度に改善が認められたと臨床経験を語る医師もいたから、いずれにしても患者や家族は期待感を持って眺める他はない。

ともあれそんなやこんなで、精神科病床は2004年に35万床であったものが2017年には32万床にまで減少し、統合失調症の入院患者もそれに応じて減少している。病床が減るから入院患者が減るのか、入院患者が減るから病床が減るのか、鶏と卵の関係でどちらが先なのか分からないが、悪名高い精神科病床数は今後とも漸減傾向を続けるのは間違いない。

ところで、精神科の医療費を入院患者や外来患者の明細書で見る限り、他の診療科のような検査費用、手術代、処置費などはない。病棟運営における人件費が大半を占めると聞くから、医師と看護師などのスタッフが他の仕事に関われば、自ずと病床数が減るかも知れないが、それでいいのかという別の問題もある。

精神科病院の今後の動向として、病床は少なくなっていく傾向にあるが、その一方で高齢の認知症患者の需要に対する方向も打ち出されており、今後この点に関してしかるべき人による議論を注目したい。

なお「イタリアは精神病院を捨てた」とする人もいるが、果たしてその実態はどんなものか？群馬県で開かれた病棟を試みた三枚橋病院の石川信義医師は、その著書で次のように述べている。

「フランコ・バザーリアは、１９２４年に水の都ベニスで生まれ、パドヴァ大学の精神医学教室に身を置いて12年間を大学で過ごした。

１９６１年、彼は招かれてゴリツィア州立病院の院長に就任する。そこで彼は精神病院の悲惨さを見た。拘束具、暴力のまかり通る世界だった。（中略）精神病院の存在そのものが問題なのだ。（中略）そう結論付けた彼は、猛烈な勢いで患者を病院から街へ出し始める。（中略）町のアパートを借りては、次から次へと患者をそこに住まわせた。３年間の間に８００人いた入院患者の半数近くを街に出してしまった。

そして１９６８年の事件が起こる。院長に就任して7年目のことだ。外泊に出たある男性患者が妻と言い争い、カッとなって妻を斧で殴り殺してしまったのである。彼はこの事件のために（中略）法廷に起訴されてしまう。（中略）

バザーリアはこの裁判で無罪の判決を受けるが、この事件を機にゴリツィア州立病院長の地位を追われてしまう。」

と述べている。また、

「その彼は保守派の政治家ザネティの要請を受けて1971年州立のサンジョバンニ病院の院長となり、1150人いた入院患者をバザーリア名義で借りたアパートへ次々移し、2年後に800人、3年後に500人にしている。その際病院のスタッフはトリエステの町に作った精神衛生センターにそのまま移行して患者のケアにあたらせている。

そして1977年サンジョバンニ病院は廃院となり、翌年の議会で州立病院の入院を禁止する180号法（いわゆるバザーリア法）が成立・公布されている。」とも述べている。

しかしこれは、トリエステ・トリノの話であってイタリア全土となると必ずしもその通りとはいかないようだ。例えば人口150万人以上を抱える大都市ミラノでは、地域のネットワークを組むのが難しく、そこの精神衛生センターの所長は、「病院は小さくてもいいから、絶対要る。」という。

また180号法は、私立精神病院には適用されないから、私立精神科病院の多いローマ以南の地域では、必ずしもトリノのような訳には行かないようだ。

それにしても、多くの日本人精神科医師が訪れるイタリアのこのような動向は、我々地域における受け皿づくりに血道をあげる者にとっても目が離せない。欧州の駅・鉄道・レストラン・職場などで行き会ったイタリア人やフィレンツェ・ローマなどの街を訪れた経験を思い出してみると、家族同士のあの賑やかな振舞から類推して、何よりも人と人との絆が命といったイタリア人の生き方がベースとなった文化のなせる業か、と思えてくる。

さらに話を広げるなら、ローマがほんの小さな都市国家からスタートして地中海一帯に領土拡張を続けたのは、敗者に服従を求めず多様性を認めた「寛容の精神」の故とされるのも、あのイタリア方式の根底を知る手掛かりになるかもしれない。


ついでながら、日本にとって医療保険や介護保険など社会保障制度の手本を提示したドイツについて見ておこう。小田美季氏によると、第二次世界大戦終了前のナチズム体制下では、精神障害者はドイツ民族の強化のために弾圧の対象とされて殺され、１９３９年に約30万人いた精神疾患患者が戦後の１９４６年には４万人になっていた、と推定されているという。

さらに驚いたことに、「ナチスが権力を掌握する以前から多くの医師や精神科医、福祉関係者に人種衛生学的発想が浸透しており、国家原理としての人種衛生学がこれらの専門職にとって決して外から強制されたものではなかったこと。」としており、それが事実なら、歴史が引きずる社会の底流をなす風潮は、そうやすやすとは変わらないとも思われる。

それを裏打ちする出来事として、かつて生きる価値がないとして医師によって殺害された者、安楽死施設での生存者などの名誉回復を目指して、１９９２年に全国精神医療経験者連合会（ＢＰＥ）が設立されていて、この国の暗部を垣間見た心地である。そして社会保障制度の出来具合とは裏腹に、社会福祉事業の現場は各国によって大いに異なり、特に精神福祉分野においては、「いずくも同じ、試行段階」とでも言えそうだ。

ところで、ホスピタルの語源をたどれば、ホテルやホステル等などを引き合いに出すまでもなく、安息の得られる場所であり、そもそも病院は治療が始まる以前は病人が休む場所だったはず。特に今日の全国精神科医療についていえば、混乱状態に陥った当事者が、職場、学校、家庭など、彼らにとって騒々しい社会との関係を遮断することにより、薬に頼らず平穏を取り戻す例もある。

また静養入院や処方変更に伴う混乱状態を見極めるためにも、依然として入院医療は必要であるだろうし、ましてや精神科急性期医療に対処するそもそも論からして、入院医療を否定するだけでは、この国の精神科医療の未来を語ったことにならないと考えられる。

話変わってついでながら、病院に勤務する薬剤師の業務について付け加えておこう。かつて病院に勤務する薬剤師の主な業務は、入院患者用の調剤はもとより外来患者のくすりを準備することがメインで多忙を極めていた。そのため院外処方箋を出さない病院では、院内薬局の前にくすりを待つ患者が長蛇の列をなす姿があった。

この時代のことについて、乏しい記憶をたどってみると、研修を終えて初めて病棟勤務が始まった医師が病棟の看護師（当時は看護婦と呼ばれていた）に聞いたのは、くすりのことであったと言われていた。そして聞かれた看護師は、自分の知る範囲で前任医師の処方薬の名前を伝えたという現実があった。

これは某国立大学病院での話だったが、他の病院においても推して知るべし、というところ。何しろ医学教育の6年間は、医師国家試験を目指して余りにも多くのことを学ばなければならないし、くすりに関する授業は、医師国家試験に受かる程度で良いとされていたに違いない。

そんなことから医師の医薬品に関する知識は、医療現場に入ってから、看護師や病院周りの当時プロパーと呼ばれた製薬会社の営業マンから取得するのが当たり前であった。

こんな状態を解消するべく昭和の終わり頃、病院薬剤師の外来患者の調剤業務を減らす一方、病棟で入院患者のくすりについてもっとケアしてもらおう、という動きが始まった。平成を経て令和に至り、薬剤師が病棟で入院患者に薬の副作用について患者に説明したり、効能効果を説明する場面も当たり前になった。

（資料）
「精神保健医療福祉白書」、２０１８／２０１９、精神保健医療福祉白書編集委員会
「精神科病院を出て、町へ」、２０１２年、伊藤順一郎、岩波書店
「精神病院を捨てたイタリア　捨てない日本」、２０１５年、大熊一夫、岩波書店
「技法以前―べてるの家のつくりかた」向谷地生良著、２００９年、医学書院
「こころの医療宅急便」、２０１０年、高木俊介著、文芸春秋
「感じるオープンダイアローグ」、２０２１年、森川すいめい著、講談社
「心病める人たち」、１９９０年、石川信義著、岩波書店
「ドイツにおける精神障害者家族会と当事者会の現状と課題（２）」、福岡県立大学人間社会学部紀要、２００５、vol.14, No.1」、小田美季

第11章　精神科クリニックの今

精神科クリニックは、現在全国におよそ4千余施設あって、精神科病床数の減少と反比例する形で漸増傾向にある。しかも病院の長期入院患者が減るにつれ、この傾向は長く続きそうな気配である。何しろ、患者によっては、居住地のクリニックに行くと精神科にかかっていることが近所の人に知られるので、それを嫌ってわざわざ遠くの病院に通う人もいる。しかし基本的には、通うのが容易な近隣のクリニックの方が、患者にとって何かとベターであるはずだ。

先日、市内のある精神科病院に勤務していた医師がクリニックを開院したので、その感想を聞いたところ、「茫然自失・七転八倒！」という答えが返ってきたのには驚いた。このところ近隣で観察する限り、かなり多くの医師が病院からクリニックに転出しているように見受けられるが、そこでは専門の看護師が大勢いる病院では経験しないストレスが、診察時に相当かかるのかもしれない。

しかし医師は、診療科にもよるが例えば精神科クリニックの場合、今や受付担当者二人と机にパソコン、それだけでだけで開業できる。昔の医薬「非」分業時代のようにクリニックが薬の在庫を抱えて管理し、医師自ら医薬品卸業者と納入価格交渉をするなどの煩わしい雑用もない。処方箋を患者に渡すだけで、あたかも薬剤師を抱えているがごとく、街の薬剤師に処方箋の点検や在庫管理を任せてくすりを患者に渡し、服薬方法や副作用・相互作用などの説明を任せることもできる。

病院を出てクリニックを開業しようとする医師にとって、こんな便利なシステムはないはずだ。しかも例えば、つい最近学会活動や医学雑誌で知った処方でも、手持ち在庫薬を気にせずに処方箋に書き込むことが可能である。患者のためだけを考えた、自由な処方の実現である。間違ってもメーカーの言いなりになることはなし、くすりで儲けているなどの非難を受ける気遣いもない。このため私は医薬分業を、「名医の条件」と呼んでいる。

古い話で今となっては笑い話の類になってしまったが、医薬「非」分業の時代に院外処方箋発行の話が持ち上がったクリニックでは、医師夫人が「そんなことになったら、犬の散歩や車の掃除は一体誰がやるの？」と述べたというエピソードがあった。処方箋発行に伴って医院がくすりを買わなくなると、メーカーの売り込み要員（医薬情報提供者：今はＭＲと呼ばれる）が、医院を訪ねて来なくなることを危惧した発言だったのだ。

メーカー側から見れば、さながら「将を射んとすれば馬を射よ」作戦だったかも知れないが、そんな「将」へのアタックがどんなものであったかは、言わずもがな、推して知るべしというところだ。

精神科クリニックは地域における精神科医療の司令塔であり、医療上の責任を果たすことはもとより、最近では患者の医療以外の日常生活面についても、関心を持って頂いている。ことに若い医師はその傾向が顕著で、患者の置かれている環境も見て頂くということからして、喜ばしいことだ。

具体的には、必要に応じて訪問看護の担当者を患者宅に派遣するほか、居住地域の行政から派遣される精神保健福祉士、グループホームや作業所の職員、就労支援の専門家などとも連携をし、またこれらの職種が一堂に会したカンファレンスを適宜開催して、情報共有を行うケースもある。

特に医師の指示による訪問看護は、患者の自宅ないしグループホームで看護師にじっくり話を聞いてもらえるなど、医師・家族・グループホーム職員にはできない役割を果たしてもらえて、来訪を心待ちにしているケースも少なくない。

そのような活動の延長上で、第４章で述べた伊藤順一郎医師は「地域精神保健センター的役割を持つ民間の多機能型精神科診療所」の運用の可能性を探っている。この案では人口十万につき一か所程度、精神科医を含めた多職種が患者の居場所に出かけるアウトリーチ機能（支援者側が出掛ける）を果たすなどの案を提示している。

なお精神科領域について、病診連携、すなわち病院と診療所との連携について付言しておきたい。一般に日本の病院と診療所は、診療各科においてややもすると地域の患者の奪い合いになりがち、と聞いている。

ところがアメリカでは、かかりつけのクリニックの医師が自分のところでは手に負えない手術などの必要性を認めた場合、患者もろとも地域内の病院に出かけて行くと聞く。そして病院の機能をフル活用して治療に当たることがある、と聞いている。

日本では、診療所の医師の紹介状を持参して病院を訪ね、再度一から検査された上、そこでの治療が始まることが一般的だ（もっとも、このところようやくマイナンバーの医療面での活用が具体化されようとしており、それが実現して医療機関が他の機関の医療情報を利用できるようになれば、この話はなくなる）。

日米どちらの医療システムが良いのか素人にはよくわからないが、かかりつけ医がそこまでフォローしてくれるアメリカの病診連携をうらやましいと思ったりもする。

そんな思いで近隣の地域を見渡していて、精神科病院が開設している精神科クリニックを最近発見した。これが日本中広まっているのかどうか知らないが、診療所の患者が入院治療を必要とするとなると親病院に入院し、入院患者が軽快して退院の運びとなると、地域内の病院傘下の精神科クリニックに通うとともに、その病院のデイケアに参加するなどの連携がうかがえる。

これなら、患者にとって病院とクリニックの医師が情報共有してくれていて安心だし、退院後も近くの精神科クリニックに顔なじみの医師がいてくれることは、環境変化に弱い患者にとって何とも心強いはずだ。

これは少なくとも患者や家族から見れば、精神科領域における病診連携の一つの理想形と考えられ、そんな精神科クリニックが地域で増えることが期待される。

（資料）「精神保健医療福祉白書」、２０１８／２０１９、精神保健医療福祉白書編集委員会

第12章　街の薬局の今

一昔前の街の薬局は、処方箋なしに買える大衆薬、化粧品、トイレタリー製品などの販売がほとんどで、処方箋の必要な医療用医薬品は、病院内の薬局や診療所でしか扱われていなかった。このこと自体、患者にしてみれば、くすりを入手する上で何か問題であるとは思っていなかった。それどころか、尊敬し信頼している「お医者様が下さるくすり」を疑うことすら憚られる風潮があり、病院・診療所で投与された薬が何か知らされないことが少なくなかった。

だからだろう、書店で「医者からもらった薬がわかる本」が売られているという有様で、処方箋を受け取って自分の使っている薬が何かを知っているのが当たり前の外国人が聞いたら、びっくりするような現実があった。それはあたかも江戸時代の為政者がとった「寄らしむべし、知らしむべからず」政策に似ているし、そもそも患者は病気について無知なのだから、それでよしとする家父長的発想でもあった。こんな習慣を変えようとすると、経営上の理由からくすりを手放したくない一部の医師が、抵抗勢力となった。そして、病院の薬局や診療所で入手できたのに街の薬局まで行くことの二度手間、薬局薬剤師の説明不足、果ては患者へのメリットがない、等々がその理由として挙げられた。

しかし、このような医薬「非」分業は、日本では当たり前でも世界の非常識であり、所詮医療のあるべき姿から外れたものであった。そして外国語で医薬「非」分業を是とするコメントを発表していたら、世界中の医師が驚き、あきれ返り、嘲笑の的になったことは間違いない。

医師が処方箋を書き、これを患者から受け取った街の薬局の薬剤師が調剤する、こんな簡単な社会習慣が日本中で根付くのに、長い年月を要したことは第8章で述べた。

そして今や、患者は処方箋に書かれた医薬品名を自ら検索してその効果や副作用について知識が得られるし、他の医師などにセカンドオピニオンを求めることが出来るなどのメリットがあることに気付くに至った。患者が医師から処方箋を受け取って街の薬局に行くことが、ようやく誰にとっても当たり前の習慣になった感がある。

振り返ってみると、明治政府が行政の方針として医薬分業政策を打ち出してから、実に150年程の年月がかかっている。そしてこれは患者にとって分かりにくいことではあるが、医療の質の向上に少なからず貢献した、と考えられる。

今日薬局は、従来型の個店の他にドラッグストアの内部に構えるものも増加しており、その数はほぼ全国で6万軒を数えている。そして外来患者が医師の書いた処方箋を薬局に持参して調剤薬を受け取る割合はおよそ4分の3で、もはや当たり前の姿となっている。

さてその街の薬局の薬剤師業務であるが、医師の診察業務がどんな仕事なのか誰にでも分かり易いのに反し、病院の薬剤師にしろ、街の薬局の薬剤師にしろ、調剤室で働く姿は外から見えないし、たとえ見えたとしても亀の甲すなわち化学的知識をベースにした情報処理を中心とする作業だから、大抵の人にとって分かりづらい。

薬剤師の調剤業務を処方箋の流れに沿って説明すると、

1．処方箋に書かれた患者氏名を確認し、初めての患者と2回目以降の患者に分ける。2回目以降の場合は、それまでの処方内容を記録した薬歴簿を検索しておく。他の薬局にかかっている可能性もあるので、お薬手帳の提示を求めて確認する。

2．今回の処方内容について、過量処方、他科の処方との重複投薬、大衆薬などとの重複投薬などをチェックする。

3．処方について何らかの問題点が見つかった場合には、処方医師に疑義照会をして確認の上、調剤業務を継続する。

4．在庫品から処方薬を選択し、適宜一包化などの作業を行う。

5．預かったお薬手帳、医薬品情報シート、調剤薬を患者に渡しながら、服薬方法、副作用などを説明する。

6．患者の質問に答える。

かつて薬剤師を目指す学生で、特に男子学生は、人と話すのが苦手という人が少なくなかった。昔なら、卒業後大学の研究室や製薬会社の実験室で、ラット・マウスと遊んでいれば一日中人と話さなくて済んだかもしれない。しかし今や、薬剤師は勤め先が病院薬局であろうと、街の薬局であろうと、くすりについて医師と患者と話せなければ仕事にならない時代である。

ともあれ、このような薬剤師業務のおかげで、医師には次のようなメリットがある。そして、それは取りも直さず医療の質の向上につながり、最終的には患者のメリットと言い換えることが出来る。

1．極めてまれなケースではあるが、処方上のミス（過量投薬、重複投薬、禁忌症、アレルギー歴、他のくすりなどとの相互作用、その他）を回避できる。薬剤師のチェックのない処方は、ブレーキのない車と例えたくなるほど危険極まりないもの。

医師は、かつて薬剤師を自分の処方に因縁をつける煩わしい存在と考えたかもしれないが、今や安全かつベストの薬物療法を目指すために欠かすことのできないベストパートナーの役割を果たしている。

2．（従来医師は、院内の在庫薬しか患者に渡せなかったが）処方箋発行により患者にとって必要なくすりの調達を薬剤師に委ねることが出来る。このため、手持ち薬に縛られることなく自由かつ患者にとって最適な処方が実現する。例えばクリニックの医師は、病院よりも新しいくすりを使ってみることが出来る。と言うのも一般に病院では、在庫を抱える医薬品のリストが医師と薬剤師の協議の上で作成されている。逆に言うと、このリストに収載されていない医薬品は処方できない現実がある。

3．昔のように医薬品を在庫管理したり卸売業者と価格交渉するなどの雑務から解放され、医師の本来業務に専念できる。

4．昔のように医薬品を在庫を抱えていた時代は、使用期限内に使用しなかった医薬品を廃棄処分する他はなかったが、在庫がなくなるとそのような無駄がなくなる。

5．くすりの保管管理に要するスペースや人員を要しない。

6．患者および医師に対する医薬品情報提供を、薬剤師に委ねることが出来る。

医師にとってこのようなメリットが考えられるが、それは取りも直さず薬物療法の質の向上につながり、しかも医療経済上のメリットも少なくない。そしてそれらは、最終的には患者、ひいては国民全体にとってメリットとなる。

患者ないし国民にとってこのようなメリットがある医師と薬剤師の医薬協業を、未だに認めようとしない医師も中には居るが、最早「絶滅危惧種さん、どうぞご随意に！」と声をかける他はなく、患者側には「寄り付かないように！」とアドバイスしたくなる。

このように医師と薬剤師の協業が進んでいく過程で、以前にもまして薬剤師業務の特徴が明確化してきたので、次のようにまとめておこう。

1．医師は自分が標榜する特定の診療科領域で患者と向き合う一方、薬剤師の手元にはあらゆる診療科の処方箋が届くので、薬剤師は自ずと診療各科のくすりについて広く浅く勉強せざるを得ず、街の薬局には全診療科のくすりに関する情報が集まっている。

2．患者が持参するおくすり手帳と薬剤師側が用意している薬歴簿が安全管理上の武器となっている。というのは特に複数の医療機関にかかっている患者の処方箋情報を一元的にチェックできるのは薬局だからである。

3．薬剤師は、購入に際して処方箋を必要としない大衆薬の販売も担当するので、昨今のいわゆるサプリなども含めて、様々な患者相談に応じることが出来る。

4．かつては「かかりつけ」という言葉は、医師を表現する言葉であったが、かかりつけ薬剤師による丁寧な相談に応じる体制が出来始めている（24時間対応可）。

5．薬局に来る患者は、かかっている医師・医療機関に直接言えない苦情などを、問わず語りで薬剤師に訴える。このような情報は、自ずと集積されていわば医療機関の評判情報を形成し、地域内の医師・医療機関の評判を知りたがっている患者に適宜伝わっていく。

なお薬剤師の業務は、最近さらに進化を続けているので、次のようにまとめておきたい。

1．在宅患者対するくすりのお届けと服薬管理・指導

2．2012年以降薬学部に入学した薬剤師は、6年制のカリキュラムを経てきている。特に病院や薬局での臨床実習を経験して、くすりの使命を化学の力で支える存在になってきている。

3．電子メールなどによる服薬指導

最後に街の薬局・薬剤師の上手な使い方を紹介しておきたい。

薬局の機能として、一番期待されるのは相談機能であると言ってよい。しかし一般に相談業務というのは、どんな業種でもなかなか難しい。例えば、銀行であれば様々な相談に応じるのは、長年色んな部門を経験してきた人でないと容易でない。また商品を扱っている業種であれば、お客様相談室が対応するが、相談よりもクレームに近いものもあり、どうかすると怒鳴り上げられることもあって、ストレスのかかる仕事だ。

何十年も昔、アメリカの薬剤師会がゲットジアンサー運動を提唱したのを知って、やっぱりそうか！とうなずいた記憶がある。これは薬剤師側から薬局の利用者に向かって、Get the Answer! と呼びかけているわけで、早い話が「色々聞いてくださいね」と声をかけているのだ。

このところ医薬分業が当たり前になって、処方箋をもって街の薬局に行く機会が増えたにもかかわらず、薬剤師があまり説明をしてくれないし、何のための薬剤師かと思っている人がいるのも事実。しかし、薬剤師の側から見ると、何を知りたいのか、何が分からないのかが分からない。患者の側は、そもそも何を聞けばいいのかが分からない。くすりの話は洋の東西を問わずなかなか難しいが、もっと薬剤師を大いに活用するべきだ。特に精神科のくすりについては、かかりつけ薬剤師を決めておくことが望ましい。また薬剤師側も聞かれることによって成長し、さらに患者に役立つ存在になるはずである。

第五部

大勢で
大勢の自立を支援する

第二部から第三部にかけて、日本の「出でよ！精神科病棟」政策について述べるとともに、進化・変貌しつつある病院・診療所や薬局の機能について説明を加えた。そして、ようやく精神科病院が入院患者を出来るだけ早期に退院させようとする、いわば「遠心力」が働き始めている、と述べた。

そこでこの部では、精神科病棟を出た当事者が、退院後どこでどう生き、どう医療を受け、どう日中活動や就労につながる活動をするのか、言い換えれば、地域側から「求心力」をどう働かせばいいのかについて考えてみよう。具体的には、退院後の日中活動の拠点、グループホーム、就労支援施設などを設立運営する必要があるのであるが、このような活動の歴史を30年分横浜市について紐解くと、作業所作りから始まって、グループホームの設立運営、生活支援センターの設置、それに就労支援という順で実現してきた。中でもグループホームの設立運営は、第三部の結論で述べた通り「出でよ！精神科病棟」政策を実現させるための切り札と考えられる。

ところが当事者の家族の集まりに参加してみると、多くの人が口にする言葉は「親亡き後」という決まり文句。これを何度聞かされたことか！親亡き後の当事者の自立が自分たち家族だけでは手の施しようのない課題として、日々重くのしかかっているからに違いない。

もっとも、あるオピニオンリーダー的当事者は、「両親が死んで、当事者の子が後追い自殺したという話を聞いたことがない」と言っている。また親の死後、かえって覚悟が出来たのか、当事者がしっかりしてきたという話をよく聞くから、案外悩まなくてもいいのかも知れない。

あたかもブナの樹の大木が倒れると陽当たりが良くなって、周辺の若木がぐんぐん成長するかのようだ。また別の見方をすると、親の死によって依存先がなくなると同時に、依存体質から脱却できるのかもしれない。

ここであえて私の家庭の現状を端的に表現すると、命ある限り両親が2個の気球となって、海面上スレスレを漂う子を2本の紐でぶら下げているようなイメージだ。辛うじて溺れずに、波間にさまよう子の姿がチラつくのだ。そして、もしこの紐が切れてしまうと、親は大空の彼方に飛び去り、子は海中深く沈んでしまう。

そこで、先々はさながら色とりどりの風船でぶら下げてもらい、そしてそんな風船が見渡す限り空のあちこちで数多く見られる、といった様子を思い浮かべてみる。これが「大勢で大勢の自立の支援」を提唱する所以である。

そして自分の経験をお伝えすると、地域活動支援センターにしろ、グループホームにしろ、ボランティアとして参加するなり、運営に関わるなりして、自分の子以外のメンバーと日常的に触れる機会があると、素人ながらこの障害の特性を多少なりとも理解できるようになった気がする。

また、その家族との付き合いを通じて悩みや問題意識を共有することも出来たことも忘れてはならない。そしてこんな経験をもっと多くの御家族と共有したいと考えるようになったのが、「大勢で大勢の自立支援を！」と呼びかけるもう一つの所以である。

親亡き後を心配する親、特に父親の中には、お金さえ残しておけば親の役割を果たせた、と考える人も少なくない。経験上、実はこの親も誰かに依存した生活を送り続けてきた自分に気付かず、従って自立の大切さや具体的準備の仕方が分かっていない、と言わざるを得ない。

例えば、自分が経営するアパートを子に相続することで安心している父親がいる。しかし自立とは、身の回りの日常的なことが自分で出来て、生きていくことである。精神障害者の場合、お金や仕事はなくても公的支援などで何とかやれることもある。支援付きでいいから、まずは自立して生活できる基盤を整えることが先決である。しかる後に可能性を見計らいながら、仕事などへの展開を考えるべきである。

そんな基盤が整わないまま、「仕事をしろ！」の一点張りでは、うまくいくわけがない。健常者でも出来ないことをやれ、と言われて混乱・錯乱し家庭内トラブルを起こすケースがある。ましてや障害者は、そんな無理解に耐えられるものではない。

第13章　目指すは自立！支援付きも可

この章ではまず最初に、なぜ自立なのか、自立とは何か、どうすれば精神障害者にとって支援付きの自立が出来るのか、を考えてみよう。

そこで参考にしたいのが福沢諭吉の言葉である。彼は明治の初期に、西洋列強の脅威にさらされた清国の様子を見るにつけ、日本の将来を案じて国家の自立と共にその基盤となる個人の自立の大切さを論じている。

障害者の自立支援のための活動に取り組んでみて、気づいたことをまとめると、

1．自立はどうやら障害の有無にかかわらず、個人が命を全うするうえで全ての人に共通の重要な課題であるらしい。

2．個人のみならず、会社や各種団体などの組織にとっても、自立は大切であるらしい。ひいては福沢諭吉の説く通り、国家にとっても自立は大切な事柄であるらしい。

3．そしてこの気付き以来、実に多くの識者が常日頃、事あるごとに自立の大切さについて言及していることにも改めて気づいた。

逆に言うと少なくとも私は、障害者の自立支援のための活動に取り組んでいなければ、死ぬまで自

立の大切さに気付かなかったことだろう。そこで思い出すのが、ほぼ40年前の朝食時の会話。後に精神障害の当事者になる保育園児の息子が、突如「パパもママに育ててもらってるんだ！！」と叫んだこと。

40年たっても忘れられないこの一言。当時私は衣類と言えば、背広とパジャマしか持っていないような生活で、仕事以外は家で食事をしているか、寝ているだけだったのは確かだ。しかし、何故そんな言葉が四歳児の口をついて出てきたのか、今もって分からない。しかしそういう風に感じさせる何かがあったのは、事実だろう。

そして実はつい最近になるまで、というより障害者の自立支援に関わるようになるまで、自分自身の頭の中に「自立」という言葉は存在しなかったことを白状しておかなければならない。

ところで、そんなにも大切な課題である「自立」の妨げとなる要因は、精神障害者の場合何なのか？何が自立を阻んでいるのか？このことを考えてみることが必要だ。

私のこれまでの観察によると、それは時として発現する精神症状のほかに、持って生まれた性格、そして社会経験の不足が関与しているように思われる。

ここで私たちが地域活動支援センターやグループホームのメンバーに示している「精神障害者―自立のための十か条」を挙げておこう。

可愛い子には旅をさせよ、という言葉がある。例えば、子が入学や就職で生まれた土地を離れて一人暮らしを始めるとき、親が気に掛ける事柄である。言い換えれば、生きていく上でどうしても必要で、自分がしなければ、実は誰かが代わりにやってくれていたことに気付くべきで、いわば生きるための基本的事項である。

そういう意味で、この十か条のうち服薬管理以外は、健常者を含め誰にでもあてはまる、自立のための必須要件と言って差し支えない。

精神障害者—自立のための十か条

1．服薬管理が出来ますか
2．金銭管理が出来ますか（家計簿がつけられるか）
3．火と水の管理が出来ますか
4．緊急時にＳＯＳが出せますか
5．食事が作れて、片付けが出来ますか
6．買い物が出来ますか
7．ゴミ出しが適切に出来ますか
8．部屋の掃除や片付けが出来ますか
9．洗濯が出来ますか
10．便所と風呂の掃除が出来ますか

最後に「支援付き」について触れておこう。植物の中には、スギやサクラのように一本立ちした美しいものもあるが、アサガオ・キュウリ・ツタの様に他の植物にまとわりついたり、壁にへばりつくものもある。自立しないでツタやツルで葉を高いところに持ち上げている植物は、自立のためのエネルギーを節約した生き方を選んだということができる。それはそれで生き方の一つ、多様性の一つととらえたいものだ。

第14章　「大勢で大勢の自立を支援する」とは？

障害者の親には、ことあるごとに「親亡き後」という言葉を呪文のように発する人が少なくない。自分と配偶者が亡くなった後を憂い、今何をしておくべきか考えようがない、とそう訴えているのだ。現時点で相当てこずっているのに、ましてや死後のことは想像もつかないから心配でならない、ということなのだ。そしてこれだけ多くの親が発する言葉であるから、当事者の親にとって一面の真理と言ってもいいだろう。

しかしよく考えてみると、この言葉は例えば自分たち二人だけ（あるいは、自分一人だけ）ではどうにもならないという訴えであり、それは間違っていない。しかし、ここは一つ自分たち二人だけ（あるいは自分一人だけ）という言葉を取り外して考えてみたい。

逆に言えば、大勢で取り組めば何とかなることがあるのだ。大勢の中には、自分たちではどうにもならないことをいとも簡単にやってのける人もいる。そんな人が大勢集まってくれれば、地域活動支援センターやグループホームなどの設立・運営に必要な知識と経験を、パッチワークのように人材が組み合わさることで様々なことが出来るということだ。

もう一つ大事なことがある。それは地域活動支援センターやグループホームなどの設立・運営やボランティア活動を通じて大勢の当事者と関わることにより、自分の子だけを見ていたのでは分かりにくいこの障害の特性が、体験を通じて見えてくるということ。そして大勢で一緒に悩み、語り合い、具体的に考えることにより、それなりの対応力が付いて来ようというものだ。

第13章で、精神障害者にとって自立の妨げになっているものとして、精神症状、持って生まれた性格および社会経験不足の3要素を掲げておいた。

精神症状に対処するには、言うまでもなく医療による外はない。具体的には医師の処方箋に基づく服薬で相当程度コントロールできるはずである。また薬剤師の服薬指導、看護師・精神保健福祉士・ケースワーカーなどによる看護やケアが必要である。

一方持って生まれた性格については、多くの場合手の施しようがない。例えば依存的性格は、自覚がなければ中々治りにくい。また性格の偏りによって、ちょっとした心のゆらぎが本人にはまるで拡大鏡を使っているかのように表れてくることがあり、これをコントロールするには当事者の余程の覚悟が必要と考えられる。

最後の社会経験不足こそ、本人の覚悟が必要なことは言うまでもないが、大勢で支援すれば何とかなる課題である。これは長い入院生活のせいであったり、職場経験の不足などによるものだが、人間関係において大人げない言動として現れてくる。しかし大勢で大勢の支援をすれば、支援付き自立に一歩近づくことが期待できる。また狭い範囲ではあるが、社会経験を重ねることによって、持って生まれた性格上の問題点を補うことも期待できる。

なお先にお断りした通り、本書は事業スタートの経緯もこれにあり、統合失調症を中心に話を進めている。このため、うつ病、発達障害、てんかん、双極性障害など、他の精神障害については、当てはまらない記述が少なくない。しかしＮＰＯ法人がこのような他の精神障害を持つ障害者に関わる事例が増えている現実を踏まえた取り組みが必要とされており、今後の課題である。

第15章　服薬管理が自立の大前提

ところで第一部で、「初めにくすりありき」として、統合失調薬の元祖クロルプロマジンのおかげで、「出でよ！精神科病棟」が実現したと述べた。しかし、世の中に効くくすりがあっても、服薬しなければくすりは無いに等しく、個人的にくすりの無かった暗黒時代へタイムスリップすることになる。あえて言うならば、最悪の場合江戸時代の座敷牢、それが言いすぎなら精神科病院の閉鎖病棟に逆戻り、と言わざるを得ない。

多くの症状再発事例を観察していると、体重増加・のどの渇き・眠気・不随意運動などの副作用が煩わしくて服薬を勝手に中止したり、飲む時間やくすりの種類の間違いが原因となっているケースが思いのほか多く、無論うっかりの飲み忘れもある。

いずれにしても、その事実が担当医師に伝わっていないと、処方箋通りの服薬を想定したくすりが追加や変更などの不適切な処方変更に結びつき、ひいては再発、再入院などの不都合・不利益につながるケースを一再ならず見かけている。

そこでグループホームと地域活動支援センターの運営経験を語る前に、統合失調症当事者の自立の大前提として最も重要な、服薬管理について述べておこう。

服薬管理については、私自身人生を変えてしまった情けない服薬経験を、まず白状しておかねばならない。

「はじめに」で述べた通り、私は高校2年の時、肺結核の大手術を経験した。結核を中学2年で発病して以来、近所の結核専門病院の院内薬局で渡される抗結核薬をきちんと飲まずにいて右肺に空洞が出来、手術のための入院が決まった日のこと。養父が私の机の引き出しの中に飲まずに置いていた山の様な抗結核薬を発見して、「これで治るわけがない」とつぶやいた。この一言は未だに耳の奥底に残っていて、後々くすりについて考え、くすりを専門分野として選ぶ際の原点となっている。自分一人、抗結核薬のない時代に戻っていたことを悔やんだが、後の祭りであった。

一般に服薬がきちんとできない人は、いくつかのタイプに分けられる。自分が病気だという意識、すなわち病識がなくてくすりを飲む理由が分からない人、くすりの何たるかを聞いたことがないので何となく不安な人、飲む理由は分かっているが服薬による不都合な反応（副作用）を避けるために服薬しない人、服薬の必要性は理解しているがついつい忘れて飲まない人、などである。

患者の中にはくすりの種類や量が増えることに不安や危惧を持つ人が少なくない。医師からすると、患者は処方通り服薬していてよもや服薬を拒否してはいない、と想定して患者の色んな訴えに応えるべく、くすりの量や種類を増やしてしまう現実がある。

もっとも、そもそも病識がなくてくすりを飲めない人への対応は、医師にお願いするしかない。しかし病識はあるが薬について知識がない人に私は、「メガネみたいなものだから」と話すことにしている。近視・遠視・乱視・弱視を問わず、メガネなしでは正しい像を結ぶことが出来ず、間違ったり、疲れることしきりだ。メガネさえ使っていれば、正しい像を得ることが出来て、間違ったり、疲れることも少ない。

精神科のくすりも同じだ。くすりをきちんと飲めて症状がある程度コントロール出来ていれば、何とかやって行ける。くすりを続けると、将来精神機能が衰えることを危惧する人もいるが、視力だって年と共に老眼、白内障、緑内障などが出てくる。

今ちゃんと見えるようにメガネをかける如く、精神科のくすりを飲んで精神の混乱を今避けたいものだ。副作用が気になって薬を忌避するケースもあるが、医師とよく相談してベターな薬を選んでもらうなり、副作用止めの薬を処方してもらえるケースもある。

なお服薬を忘れないよう管理するには、市販されている壁掛け型の「お薬カレンダー」を使えば、朝・昼・夜・就寝前に分けて一週間分をポケットに収めることが出来、服薬後空袋を再度収めることにより、視覚的に服薬状況が管理出来て便利だ。

さらに服薬状況を管理するには、服薬の都度家族または支援職員などにlineで報告することを習慣づけるという手立てもある。

ついでながら、精神科疾患の方は、出来る限りくすりは精神科領域のものに限ってほしい、と言っておきたい。「一病息災」という言葉を出来る限り実践してみよう、というものだ。

出来る限りと言ったのは、例えば高血圧・糖尿病のような生活習慣病は文字通り生活習慣が原因で発生する病気であり、逆に言えば生活習慣の改善によって、そのためのくすりを飲まずに済ませられるケースが多いというわけだ。

例えば、統合失調症の陰性症状（感情の平板化、意欲の欠如、引きこもり、記憶力・集中力・判断力の低下など）にも効果のあるリスペリドン（商品名：リスパダール）などは、糖尿病の患者には血糖値を管理しながらでないと使えないことになっている。

仮に医師がこのくすりが最適と判断の上処方して症状のコントロールを図ろうとしても、患者が糖尿病を患っていれば、その処方をあきらめるかも知れない。このことは患者にとって不利益となるケースもあり、自業自得とまで言わないが、日々の体重管理などで是非何とかしておきたいものだ。

一口メモ

精神科のくすりには、食欲増進による体重増加の副作用が認められるものがある。なかなか難しいことだが、食事の作法を少し変えることにより、これを克服する技がある。

食事の際の注意として、「早食いはいけません。ゆっくり時間をかけて食事しましょう」、「三十回噛みましょう」などと声をかける人がいるが、もっといいアドバイスがある。

それは「食べ物が口の中で粥状になるまで噛みましょう」というもの。そしてそのためには、箸で食べ物を口に運んだら、一旦箸を置いて噛むことに集中し、粥状になったことを確認した上で飲み込む食べ方だ。「ゆっくり」というのは、よく噛んだ結果であって、時間をかければいいというものではない。

この方法だと胃や腸への負担が少なくなって満腹中枢がしっかり働き大食いが防げるとともに、唾液の出る量が大幅に増大して唾液中に含まれる様々な酵素の量が増えるので、健康上のメリットはとても大きい。ヒトの体は70兆個の細胞で構成されているというし、健康上果たす役割が大きい腸内細菌は１００兆個もあるという。その一つ一つに栄養成分を届けようとすると、いやでもよく噛まざるを得ない。

この方法は、「早飯、早糞、芸のうち！」などとうそぶいている忙しいサラリーマンなどにはとても実行が期待できないが、太った人は早食いが多く、痩せた人は食事に時間をかけているという観察に基づくもので、糖尿病・高血圧・高脂血症などの生活習慣病を半減させられると信じている。是非お試しあれ！

第六部

自立支援事業の経験を語る

私は横浜市内で精神障害者の自立支援事業に関わるようになって、7年余りが経過した。NPO法人青葉の樹が運営する地域活動支援センターやグループホームの利用者の家族の一人であったところ、初代理事長の後を受けて活動を始めたもの。

そこでこの部では、その経験をまとめておこう。

第16章　地域活動支援センターの設立・運営

この章では、自立支援組織の一つ、地域活動支援センター「ネバーランド青葉」について述べる（なおこの先の記述は、青葉の樹が所在する横浜市独自の施策に基づくものも含まれるので、地域によっては事業の名称や事業内容に異なる場合がある）。

地域活動支援センター（略称：地活）は、精神障害によって働くことが困難な人たちの日中の活動をサポートする福祉施設とされている。居場所や仲間を求めている当事者、退院したばかりの当事者や引きこもり状態を解消しようとする当事者などが、区役所の紹介で通ってくる。

横浜市内に地域活動支援センター（設立当初は「地域作業所」といった）２施設がスタートしたのは、１９８２年（昭和57年）のこと。１９７０年に一部の区で発足した家族会、１９７２年に一部の保健所でスタートした患者の会、そして１９７９年に発足した横浜市精神障害者家族連合会（略称：浜家連）が、行政当局に働きかけて実現したもの。現在、地活は人口約３７０万人の市内18区に60施設が稼働している（令和２年４月現在）。

当時の資料によると、当事者の「退院したものの病院のほかに行き場所がない、友達がいない、家族から早く仕事をしろと責められる」などの声に応えようとしたもので、「在宅の障害者が登録事業所に通所して、地域において自立した日常生活・社会生活を営むことが出来るよう、創作活動・生産活動等のサービスを受けることが出来る」ことを目指したとされている（対象者は、横浜市内に居住する在宅の精神障害者。窓口は、各区の福祉保健センター）。

そんな中で私共の地域活動支援センター「ネバーランド青葉」が設立されたのは、上記2施設から遅れること15年、１９９７年のこと。当時青葉区は古くからある緑区から新興住宅街のエリアが分区独立したばかりで、様々な分野で社会資源が未整備という状態であった。

そんな状況下で、緑区のある精神科医医師から「青葉区には作業所が一つしかない。作業所への通所を待っている人が大勢いる青葉区に作業所を作ってほしい」との発言があり、かねてからこの問題に関心のあった女性３人が核となって実現したもの。

この間、準備会の立ち上げ、資金調達、物件探し、市当局への認可申請など、口でいうのは簡単だが、計り知れないご苦労があったと理解している。

地活の朝は、９時職員出勤、９時半メンバー（当事者はこう呼ばれている）が三々五々集合して始まる（参加メンバーには、交通費が支給される）。

この時大切にしているのは挨拶。退院後初めて来たメンバーや、引きこもり解消で来たメンバーなど、挨拶のできない人が少なからずいる。ともかくできるだけ大きい声で、「おはようございます！」

を言ってもらうようにしている。

次いで出勤表に記載したのち、手洗い、検温（コロナ後）をして居室・作業室に入る。単に居場所として利用し、ゆったり過ごす人以外は、その日の活動予定表に従って、各種のプログラムに参加する。なおこのプログラムは、前月にメンバーの会議で決定されている。

日中活動の類型

・和やかプログラム（クッキング、茶話会、コーラス、音楽鑑賞、カラオケ、ビデオ鑑賞、散策、お誕生会、麻雀、手品、クイズ、手芸・裁縫、散策、日帰りの小旅行など）

・スポーツプログラム（ソフトバレーボール、卓球、バトミントン、ストレッチなど）

・教養プログラム（講師を招いての勉強会、英会話、手話など）

・工賃作業プログラム（ちらしセッティング、ポスティング、喫茶業務、工芸品づくり、道路掃除など）、このところこのプログラムを選ぶメンバーが増えている。

・その他、北海道・べてるの家で始まった当事者研究、ボランティアによる昼食提供、嘱託医による医療相談、地域行事への参加（防災訓練、地域フェスティバルなど）が随時行われている。

・NPO法人の年中行事（新年会、定期総会、流しそうめん大会、年末の望年会）にも参加する。なおメンバーは参加しないが、年に数回家族懇親会を開催している。また親父の会を随時開催している。このような行事に参加する家族にも守秘義務が求められることは、言うまでもない。

(コロナ期間中はいずれも休止中)

通所決定の手順

居住区のケースワーカー又は病院・クリニックのケースワーカーに相談の上、利用申込書・主治医の書類などを提出⇓体験利用⇓地活の嘱託医との面談⇓サービス事業部会の承認⇓利用契約締結⇓個別支援計画の面談⇓利用開始、という流れになっている。

評価と報告

事業部長が2か月に1回開催するサービス事業部会において個々の支援の状況を評価すると共に、その結果などを行政当局へ報告している。

通所の効果

一日中部屋から出られなかった人が出られるようになったり、挨拶のできなかった人が出来るようになったり、一切発言しなかった人が突如司会をしたりした姿を見ることがある。また、就労に結びつくケースなどもあり、これは職員にとっても万々歳だ。

職員の構成

２名の常勤職員（精神保健福祉士、社会福祉主事）の他、数名の非常勤職員

運営財源と経費

ほぼ横浜市の補助金が運営財源となっている。経費の２分の１が人件費、４分の１が借家・借地費などとなっている。

実地指導

２〜３年に１回、市の障害施設サービス課による実地指導が実施される。

今後の課題

月間の通所者数に応じた額の補助金が、いわば出来高払いの形で横浜市から支給されるので、何らかの理由により通所者数が想定よりも減少すると、予算額から減額査定したお金を市側に返戻するなど運営に支障を来たし、存亡の危機に瀕しかねない場面に度々遭遇している。

２０２０〜２０２２年の新型コロナウイルス感染症流行の時期には、メンバーにとって唯一の居場所を守る必要性から開所し続けたが、通所者が激減した。しかし市当局の特別な配慮により、例年通りの補助金を支給されたので、危機的状態を免れている。

但し運営側としては、寄付や何らかの自主財源なしに事業を継続することが引き続き困難であることを痛感している。

一口メモ

この分野における指導的役割を果たした岡上和雄医師は、精神科医療の入院中心主義を改めるべく、地域の患者を診る仕組みづくりを目指して、川崎社会復帰医療センター（現：川崎精神保健福祉センター）の設立（1970年）に力を尽くし、その初代所長を務めた。このセンターは、東京、北海道、岡山、北九州、埼玉などの施設に対して先駆的役割を果たした。

その当時同センター職員にこの分野の仕事を始めた理由を聞かれ、岡上医師は次のように答えたと述べている。

「以前ある病院に勤務していた頃、閉鎖病棟の鍵を少しずつ削って壊し、脱院に成功した長期入院の患者がいました。ところがこの患者は、間もなく自分で再入院してきました。その理由を尋ねると、『いざ喜んでシャバに出てみたものの、世の中がすっかり変わってしまっていて、何も出来ない自分に気付きました。』と言う答えが返ってきて、その言葉に強い衝撃を受けました。」

（資料）「共に生きる社会を求めて―地域生活援助の方法論としての地域作業所」、岡上和雄監修、1992年、相川書房

第17章　グループホームの設立・運営

グループホームが「出でよ！精神科病棟」実現のための切り札であることは、この部の冒頭で指摘した。長期の入院生活を経て病棟を出て実家に戻るケースもあるが、家族との折り合いが悪いケースも少なくない。かと言って急に一人暮らしが始められるわけもなく、まずはグループホームで一人暮らしの練習を兼ねた共同生活から入っていくことが望ましい。

我々も現状では「貧者の一灯」と言われかねない規模ではあるが、今後できる限り増設するべく努力を重ねている。というのも所在地の青葉区は人口が30万人超であるので、計算上統合失調症患者は3千人超いることになり、全員がグループホームでの生活を希望することはないにしても、もっと多くの施設が必要とされている、と考えてのことである。

開設の経緯

地域活動支援センターを運営する中で、グループホーム開設の必要性がひしひしと感じられ、また近くの精神科病院の医師から「入院患者の中に、地域で十分やって行けそうな人がいるが、何とかならないか？」と声をかけられたことがあった。そんなこともあって、役員が駆けずり回って準備を始めたのが２００３年頃。受け皿さえあれば地域での生活が可能、と担当医師が判断する当事者が当時いたようだ。

それにしても、グループホームについて経験者が誰一人いない中での取り組みで、どこから手をつけていいのかわからず、少なからぬ苦労があったはずだが、それを乗り越えるラッキーな点が二つあったことを特筆するべきであろう。

それは、まず役員の中に都市・住宅開発とアパート・マンション経営に関する業務の経験者（宅地建物取引士）がいたことである。もう一つは、願ってもない理解者が近隣住民の中に居て、土地建物を提供していただいたことである。

この理解者とは、かつて横浜市衛生局で精神保健福祉課長とこころの健康相談センター長を務めた方で、現職当時グループホーム事業の予算は確保できたのに物件が見つからず設置できなかったという経験から、候補地近隣の住民からグループホーム新設に関する理解を得ることがとても難しい実情をよく理解しておられた。

そのような事情をその方は、

「(現職当時）わたしも反対する人から『そんなにグループホームの整備が必要なら、あなたの家の隣に作ればいいではないか。』とまで言われました」と述べておられた。

この方と同じ町内に住んだことのある当法人の担当役員が、ひょんなことからこの方との知遇を得て、まさにご自宅の隣に土地と建物を提供していただく話が進み、第1号ホーム「青葉マナ」が2004年に発足した次第。

辺りは東急田園都市線の沿線と言うだけに、鶴見川と合流する恩田川に沿って田んぼと畑が広がり、関東平野南部西端の丹沢山塊・大山の先に富士山頂上がちらりと見えるロケーションが自慢だ。しかも東急田奈駅、郵便局、スーパーマーケット、コンビニ、信用金庫、診療各科クリニックなどが近いとあって、利用者にとって願ってもない立地だ。

第2号についてもラッキーは続いた。担当役員がさらにもう一軒と物件探しをしていたところ、会社の寮として緑区に建設された物件が、発注元の契約不履行により宙に浮いてしまって大家さんが困り果てている、という話を聞き込んだ。緑区と言えば青葉区が独立するまで一緒だった近隣の区だ。

そこで早速市当局に問い合わせてみたところ、たまたまグループホームとしての設置基準を満たしていると分かったので話が進めたが、ご他聞に漏れず当初近隣住民の理解を得ることが難しそうな雲行きであった。

しかし、幸運にも1号グループホームの非常勤職員が緑区内の同じ町内に住んでいて元民生委員であったことから、民生委員ルートで近隣の皆様への根回しをしてもらうことができた。そのお蔭で、2012年に第2号ホーム「はじまりの家」として、すんなりスタート出来たという次第。（最寄り駅は、東急田園都市線・JR横浜線の長津田）

なおこの原稿を書き始めたころ、今度は1号のサテライトとして3室借り上げていた近所のアパートを「独立のグループホームにしてみては」というお声が突如かかり、市当局、家主双方の了承が得られたので、とんとん拍子で3号ホーム「コーポYOU」が、2021年3月に急遽スタートした。

元々1K・6室のアパートを障害者用の共同住宅に用途変更するについて、設備上・防災上結構の面倒な変更やそれに伴う手続きが必要になると覚悟をしていたが、前年に建築関係の規制緩和があったので、外階段の追加設置など最小限の追加工事で、辛うじて設置要件をクリア出来た。さらにNPO法人の関係者が、所在地の自治会側に了解を取り付けてくれるなど、ラッキーがまだ続いていると実感している。

ところでグループホームの定員はサテライト型住居も含め、概ね5人とし、4人以上10人以下の範囲とされている（障害者グループホーム設置運営要綱）。このルール制定の根拠や経緯は承知していないが、精神保健分野における自立支援実務の経験からみて、適切な規模であると思われる。

利用者の生活

利用者は、朝それぞれ食事をとり、日中活動をすることが居住の条件であるので、体調が許す限り、地域活動支援センター、生活支援センター、病院のデイケア、就労支援施設、就労先、買い物、リクレーションなどに出かける。

夕方は、調理当番（各人週一回程度）が職員の手助けを得ながら夕食の献立を考えたうえ、近所のスーパーへ食材の購入に出かけ、その日のメンバーの人数分の食事を作ってリビングルームで全員一緒に食べる（コロナ中は各室）。なお最近では、食材セットを適宜購入する日もある。

その他、便所・風呂など共用部の掃除やごみ捨てなどを当番制で担当するほか、防災訓練や近隣の掃除や地域の行事にも参加するなど近所付き合いもしている。また小旅行、観劇、誕生会の他、NP

O法人全体の新年会・定期総会・流しそうめん大会・忘年会などの行事にも参加する（コロナ中は、一部中断）。

入居の手順

① グループホームあて電話による問い合わせ
② 見学・相談、
③ 区の医療ソーシャルワーカー（ＭＳＷ）と相談（障害者福祉サービス受給者証交付、個別支援計画書作成、利用計画書作成）
④ 体験利用
⑤ 入所申込書提出（別紙として、担当医と担当ワーカーのコメントが添付される）
⑥ 入所面談
⑦ 利用開始

入居の条件

・18才以上の方
・障害者福祉サービス受給者証をお持ちの方
・精神科に通院治療していて、服薬管理が出来る方

・原則として地域活動支援センター、デイケア等に通所するか、または就労を継続している方
・一定程度の自活能力があり、共同生活を送ることに支障のない方
・利用者負担金が支払える方

通過型と滞在型

現在のところ、通過型と滞在型がある。通過型では、3年間または4年間利用したのち退去することになっている。一方滞在型は永住可能だが、一人暮らしを求めて退去する利用者もいる。

入所面接

利用にあたって、法人の担当役員、施設長、サービス管理責任者らによる入居面接が行われる。利用者側は、当事者、その家族、区のワーカーなど。

支援の内容

障害者総合支援法（第24章参照）による要支援の程度は、軽い順に区分1、2、3、4と分かれていて、おおむね2、3、4の人が入居しているが、3の人が一番多い（精神障害者手帳に示された障害の程度は、重い順に1級、2級、3級となっていて混同しやすい）。

主な支援内容を具体的に言うと、

・服薬管理又は金銭管理が不得手の場合、それぞれお薬カレンダー又は金銭出納帳を用いて職員が一緒に行い、自己管理を目指す
・食材調達・食事当番の支援
・その他洗濯、ごみ当番・掃除当番など日常生活上の支援
・行政機関などへの同行、病院・診療所への通院同行
などが挙げられる。

なお、以上の支援業務は、原則として一人暮らしのスキルを身につけてもらうことを目標としている。このため、利用者が出来そうなことは必要以上に支援し過ぎないことが大切である。例えば高齢者の介護施設や幼児保育施設に勤務の経験のある職員は、ついついヘルプの心がわいてくるようだが、自立支援には介護や保育と異なる側面があることを念頭に置いてもらっている。

職員

常勤職員（管理者：障害者総合支援法上の責任者）または非常勤職員数名が昼間交代で駐在している。その他の時間帯は、常勤職員が携帯電話にて適宜対応している。またホーム長（非常勤）が施設全般の管理にあたっている。なお職員数と利用者数の比は、利用者の支援の程度などを勘案して、1対4、1対5などと決められていて、その体制届が当局に提出されている。

評価と報告

事業部長が毎月開催するサービス事業部会において、個々の利用者に対する支援の状況を精査して評価すると共に、その結果などを利用者の居住していた地区の行政当局へ定期的に報告している。なお部会は最近、新型コロナウイルス感染症を機にリモート方式を適宜活用している。この方式は非常勤職員が非番の日に自宅で参加できるので、重宝している。

個別支援計画とモニタリング

サービス管理責任者（施設の管理者が兼ねることは出来ない）は入居者と面談の上、長期目標・中期目標・短期目標を設定して、日中活動・健康管理・生活管理などの項目について支援内容を明示し、半年ごとにモニタリングを実施して、その結果を評価会議に提示する。

フォローアップ

通過型はもとより、滞在型の場合もグループホームを出てアパートでの一人暮らしが始まる場合、アパート探しやその他新生活を始めるのに必要な支援を行っている。

医療機関との連携

利用者の通院先精神科病院・診療所と随時連絡、嘱託医による定期相談会（主治医に聞きにくいことも聞ける）の開催、精神科以外の医療機関への通院同行（必要に応じて）などを実施している。また近隣の医療機関から、退院促進事業の受け皿として利用者が紹介されるケースもある。

利用者負担金

利用終了時修繕費10万円（退去時に実費を差し引いて清算）、家賃月２〜３万円程度、光熱水道代月８千円程度、食費１日４００円（夕食のみ）など。

運営費用

利用者負担金、国保連を介して給付される障害福祉サービス費（原資は国・県・市が負担、すなわち税金）及び横浜市補助金（家賃＋水道料金＋要介護支援費など）及び各方面からの寄付金などで運営している。このうち約半分が人件費、そして約四割が施設借り上げ費に使われている。

これまでの成果

通過型の場合、２００５年の開所から２０２２年７月末までの17年間における利用終了者51人中27人が一人暮らし、１人が結婚生活を始め、これで通過型利用者の５割強を占めている。残りは多い順に、他のグループホーム（法人内を含む）へ、実家へ、再入院などとなっており、それぞれ難しい事情を抱えているとはいえ、一人暮らしの難しさを物語っている。

グループホームを卒業してアパートでの一人暮らしを始めた経験者は、退院していきなりの一人暮らしはとても無理で、グループホームでの生活上の様々な訓練のおかげで一人暮らしが始められた、と語っている。

また滞在型に入所して、病院では何もしなくても日々暮らせるから一生入院生活でもいい、などと考えていた利用者が、他の利用者が一人暮らしを始める様子を見るうちに、自分も一人暮らしを目指すようになったケースも見られている。さらに就労支援の結果、仕事を得て生活保護を返上するケースも出始めている。

これらを総括すると、病院ではないから病人扱いしないし、家庭ではないから身内への甘えも発生しない。このようなことから、地域のグループホームでの生活体験こそが、後に支援付き一人暮らしを目指す最適の場所と考えられる。

実地指導

3年に1回、横浜市の障害支援課の実地指導を受けている。

今後の課題

利用希望者の多さや地域内の精神障害者手帳の発行数から見て、地域内のグループホームの数が不十分であると言わざるを得ない。当法人に限らないが、地域内で何らかの方法よる増設が必要であると考えられる。

また利用者の高齢化も近未来の課題である。今のところ、65歳までしか対象としない障害者総合支援法による支援を卒業した場合を想定して、とりあえず近隣の社会福祉法人が運営する高齢者施設に、「その節は宜しく」などと声をかけるぐらいのことしかできていない。

しかし、早晩具体的事例に遭遇することを想定すると、高齢の精神障害者に特化したグループホームの設立・運営を考える時期が近づいてきていると考えておかねばなるまい。

なおグループホームを卒業して一人暮らしを始める人の支援をグループホーム側に求める国の施策が始まろうとしているが、我々は一部その試みを既に行っており、一層充実させたいと考えている。

（参考）　入居面接時のチェックポイント

1. グループホーム対する当事者側のイメージ
2. 入居希望の動機
3. 現在の日中活動
4. 休日の過ごし方
5. 金銭管理の現状
6. 服薬管理の現状
7. ピンチの時の対処経験（困った理由、相談相手など）
8. 体調不良時の対処法
9. 医師とのつながり
10. 生活上の不安、気を付けていること
11. 喫煙・飲酒習慣
12. 家賃や生活費が賄えない場合の対処（保証人の予定者）

13. 家族などの支援者は誰か？
14. 今後の目標・将来の夢
15. 入居を希望する部屋

一口メモ

横浜市における精神障害者のグループホームは、２０１７年現在、１０４か所に設置・運営されている。これは先行して始まった精神障害者の地域作業所の行事を通じて、将来を模索した神奈川県や横浜市の職員からグループホームをやらないかとの声がかかり、関係者が１９８９年に県と市当局に対しグループホーム補助制度を作って運営補助事業を実施してほしい旨の要望書を提出したことがスタート台となった、と聞いている。

（資料）「30th Anniversary　街の中へ　人の中へ」、特定非営利活動法人　横浜市精神障害者地域生活支援連合会、２０１８年5月26日

第七部

自立支援のための社会資源と支援・助成機関

第六部では、地域活動支援センターとグループホームの設立・運営の経験についてまとめた。しかし精神障害者の自立支援の分野には、それ以外にも様々な社会資源が用意されている。

このような社会資源は、地域内の家族会や専門家など先人の努力と国・地方行政の施策のおかげで、このところかなり充実してきたと言うことが出来る。また支援団体を支援・助成してくれる組織も、その活動の継続という観点から、重要な役割を果たしている。

そこでこの部では、当事者とその家族が用いる社会資源と支援団体が用いる助成機関や支援組織について述べたのち、彼らが利用する社会資源のうち特に利用することが多いものを列挙するとともに、地方行政の役割についても述べておこう。

なお、ここで注意しておきたいことは、就労に力点を置きすぎないこと。一時期政府の文書に社会参加という言葉が登場し、その言葉の連想からか、当事者・家族とも就労に目が行きがちとも思われることもあった。確かに就労はそれが可能であれば、傍目にも自立の要素であることは間違いないし、当事者も働いて何がしかの収入が得られることによる張り合いは大きい。

しかし就労＝社会復帰という世間の常識は、必ずしも精神障害の世界では通用しない場合があることに留意するべきであろう。言い換えれば精神障害の種類やレベルによって、健常人に近い働きが出来る人から、ほとんど就労不能の人まで幅がある。また、働けるようになっても、ついつい逆戻りになる時期が訪れることもある。

自分で働きたい、働けるということであればよいが、そうでもないのに就労の話が持ち上がると、それ自体が結構ストレスになって、再度悪化と言うことになりかねない。

そんなことから「障害者は無理に働くことはない」と考える当事者がいても不思議ではないし、家族や支援者も、人によって、状態によってはやむを得ない、と理解を示すべきであろう。

精神科医の中井久夫も

「働くことに第一の自尊心を置く生き方より、まず安定して世に住みうるライフ・スタイルを獲得することが重要ではないか」

と述べている。

仕事が出来るようになるのを待つ、あるいは時間の経過とともに出来るようになるかも知れないと捉える、そんな心構えが当事者・家族・支援者ともに必要である、と考えられる。

（資料）「統合失調症と暮らす」中井久夫監修・解説、２０１８年、ラグーナ出版

第18章　当事者とその家族が利用できる社会資源や情報源

第六部でグループホームと地域活動支援センター（旧：地域作業所）について、各々の設立と運営について詳しく述べたので、この章では当事者とその家族が利用できる、その他の社会資源や情報源について述べる。

なお第八部で詳述する障害者総合支援法では、身体・知的・精神の3障害の当事者とその家族が最初に相談する窓口として、基幹相談支援センターを設けられることになった。その種別に関わらず、相談者にとって必要な支援、情報提供や助言などが行われている。しかし具体的な支援については、グループホーム・地域活動支援センターの他、以下に掲げる地域内の関係機関や施設が担当することになっている。

日中活動の支援

・精神科病院のデイケア：精神科病院を退院後、規則正しい生活を取り戻すためにスポーツ、音楽、心理教育などのプログラムが用意されている。これらは診療の一環と位置付けられていて、食事も提供されるが、医療費の一部負担がある。

・生活教室：市内各区で、精神の疾患を抱えている人のために週1回レクリエーション・スポーツ・手工芸・話し合いなどを行うもの。

・生活支援センター：市内の各区に1か所ずつ設けられている民設型の施設（平成18年〜）。準公的機関の性格を持つ。地域で生活する精神障害者が登録して通所することにより、社会復帰、自立及び社会参加を促進することを目的として設けられている横浜市独自の補助金事業。

区の相談窓口で、どのような支援を受けたらいいのか分からない人の申請に基づいて、支援内容や支援機関を選ぶ計画相談を行っている。また精神保健福祉士などの相談支援専門員による日常生活相談（電話相談を含む）、日常生活に必要な情報の提供、食事サービス、入浴サービス、洗濯サービス、地域交流活動の他、文化祭、バザーなどを行っている。その他、横浜市独自事業として、出前夕食（安否確認、服薬の確認、近隣からの苦情チェックなどの一人暮らし支援も）、自宅やグループホームを出て自立する際の支援（自立生活アシスタント）や病院を出て地域で暮らすための退院サポート事業もある。さらに、区内のＮＰＯ組織間の連携強化に役立つ事業などを行っている。

社会福祉協議会のあんしんセンター

当事者が預貯金の出納代理・代行及び公共料金・生活諸費などの支払い代行を頼める。また預貯金の通帳や不動産権利証書・保険証書などの保管が頼める。その他担当職員から見て疑問のある出費について、必要なチェックを入れてもらえるケースがあるなど、単なる金銭の出入りにとどまらない支援をお願いできる場合もあり心強い。

成年後見人制度

家庭裁判所に主治医の診断書及び財産目録などを添えて「後見申し立て」を認めてもらって、弁護士を成年後見人に選定するもの。年金証書・預金通帳などの保管管理、障害者手帳・自立支援医療受給者証・障害年金などの更新手続きなどを行ってもらえる。

聞くところによると、後見人に支払う報酬は月額2万数千円程度というから、誰でも利用できるものではなさそうだ。また生活保護受給などで全く必要としないケースもあり、誰もが使う必要があるものでもなさそうである。

就労支援

就労支援は、一般企業が障害者を合理的配慮しつつ雇用するのか、福祉団体が経営感覚を持ちつつ障害者を雇用するのかに大別される。前者には税制上の優遇措置や法定雇用率の数値目標があり、後者には福祉のお金が用意されるなど、このところ精神障害者の雇用環境は、相当程度整ってきた。

確かに一般就労の人に引けを取らないくらい働ける人や、中には周りがびっくりするほどの働きが出来る人がいないわけではない。そんなことから、かつて「税金のお世話になる側から、税金を納める側に」などと言うスローガンを唱える人もいたようだが、それはほんの一握りの人数にすぎない。

多くは、支援付きの環境でなければ働けなかったり、体調次第で休み休みでないと働けないケースも少なくない。また働くのはとても無理、さらに働き始めて再度体調を崩したといったケースもある。

このようなことを総合的に考えると、「出来れば働く、出来る仕事があれば働く、働ける状態であれば働く」というような、幅のある考え方で臨むべきであると考えられる。

就労支援を行う施設には以下のようなものがある。

・ＮＰＯ法人：一般企業への就職を目指す障害者を対象に、就職に必要な知識やスキルを学んで就職の準備をするためのサポートを行っている。賃金は支払われない。利用期間は原則２年間。

・就労継続Ｂ型事業所：現時点で一般企業への就職が不安あるいは困難な当事者用で、アクセサリー・菓子・おもちゃ・弁当・食事などの製作・販売、印刷、草刈・掃除などの請負など。勤務時間が不定で雇用契約に基づかないので、賃金は工賃と呼ばれる出来高払い（非雇用型）。ＮＰＯ法人の他、会社が経営している場合もある。

・就労継続支援Ａ型事業所：現時点で一般企業への就職が不安あるいは困難な当事者用で、清掃業務、喫茶店営業などの業務を行うもの。就労者は事業所との間で雇用契約を結び、就業規則の範囲で支援者のサポートを受けながら仕事をする。最低賃金が保証されており、基本的に通常の就労と同じ形態をとっている（雇用型）。

その他、一般企業が就労移行を支援している場合もある。

地域の団体

家族会や兄弟姉妹の会がある。当事者の家族が各地域で定期的に情報交換会、相談、講演会、勉強会などを行っている。当事者にとって自宅以外に居場所や日中活動の場がない場合、家族にとって駆け込み寺的機能が果たされていて、主に母親が参加し、父親の参加は少ないようだ。

行政機関やその出先機関は敷居が高くて相談しにくい家族にとって、同じ問題を抱えるいわば先輩や聞きやすそうな人に巡り合えれば、いわゆる相談員とは異なる立場で相談したり、情報交換できるのが特徴と言えよう。

しかしかつて家族会しかなかった頃と異なり、このところ精神障害者に関わるＮＰＯ法人や社会福祉法人などが安定的な支援事業を続けられるようになってきて、その役割は相対的に小さくなっているのかも知れないが、引き続き存在感のある活動が期待されている。特に第六部で見てきたように、グループホームや地域活動支援センターの設立母体となった原点から考えて、これらに対する方向付けや要望などを取りまとめることが期待される。

なお、家族会とは別に兄弟姉妹の会が存在するのは、多感な子供時代に嵐のような年月を共にし、しかも親よりもおよそ30年長く、親亡き後も付き合うことになる兄弟姉妹には、親とは異なる問題意識があるからであろう。

（情報源）

・「月刊みんなねっと」：公益社団法人　全国精神保健福祉連合会刊、精神障害者とその家族に様々な情報を発信

・「こころの元気＋」：月刊、認定ＮＰＯ法人　地域精神保健福祉機構制作、精神障害者及び家族に役立つ情報全般を提供

・「ＪＰＯＰ-ＶＯＩＣＥ統合失調症」：ＮＰＯ法人日本臨床研究支援ユニットＪＰＯＰ委員会、統合失調症の体験者・医療者・支援者・家族の声を動画で紹介

一口メモ

「親が変われば、子が変わる」という、精神障害のみならず、不登校、引きこもりなどの問題を抱える親にとって耳の痛いフレーズがある。

統合失調症の場合は、親にとっても子にとっても晴天のへきれきともいうべき状況に、唯々うろたえ、嘆き、取り乱すことになるが、何よりも大切なことはこの疾患を自分の言葉で正しく理解することが大切だ。そしてその上で、統合失調症の当事者が回復力を高めるための家族の接し方やサポートの方法を理解し、実践することが何よりも大切だ。

このような観点から全国各地の地域作業所、保健所のデイケア、家族会などで研修会を開催している高森信子さんの活動と著作が注目される。

（資料）「精神保健医療福祉白書　２０１８／２０１９」、中央法規
「精神病棟に生きる」、松本昭夫著、２００４年、新潮社
「マンガでわかる！統合失調症　家族の対応編」高森信子、２０１６年、日本評論社

第19章　自立支援団体が利用できる組織・機能

精神障害者の自立支援に携わるＮＰＯ法人の多くは、家族会がスタート台となってスタートしており、設立からかなりの時間を経過した今日、その運営にあたっては、情報不足・人手不足・経験不足・資金不足などに悩まされている。そんな状況の下で、非力の自立支援団体が事業を運営するには、それをカバーしてくれる組織や機能がとても重要である。

ここでは横浜市内での経験をまとめておこう。

ＮＰＯ法人横浜市精神障害者地域生活支援連合会（略称：市精連）

横浜市の場合、人口が３７０万人と日本最大の市であるせいか、数多くのＮＰＯ法人が日々精神障害者の福祉活動に携わっている。

このような法人の事業所を会員とする市精連は１９８７年に発足し、以来30年以上活動を続けていて、２０１８年5月現在、作業所と生活支援センターが１０１か所、グループホームが67か所、名を連ねている。

横浜市以外の地域でＮＰＯ法人がどのようになっているのか、適切に比較できる指標がないので何とも言えないが、もし他の地域の方が横浜のＮＰＯ法人をご覧になって、うまくいっているとの感想を持たれるのであれば、それはひとえにこの市精連の果たしてきた役割のお蔭と言いたい。

現在各事業所が利用している市精連の主な機能として、次が挙げられる。

・市当局への要望事項の取りまとめと提出
・市当局への政策提言と審議会への参加
・会員事業所の運営上必要とする行政情報などの提供
・講演及び研修事業の実施
・弁護士・社会保険労務士・司法書士・行政書士・会計士などの専門家を会員事業所に派遣し、運営上の相談（無料）に応じる。（社会福祉協議会・障害者支援センターの委託事業）

NPO法人横浜市精神障害者家族連合会（略称：浜家連）

第18章で述べた家族の会の市内連合組織。各区の家族会を束ねている。

社会福祉協議会（略称：社協）

社会福祉協議会の起源は、戦前から戦中にかけて行政が関わって設立された民間の慈善団体のようだ。しかし現在は、社会福祉法を設立根拠とする、地域の福祉の推進を目的とする民間団体と位置づけられていて、各都道府県、特別区、政令指定都市（区＝行政区）、市町村単位で組織されている。

運営資金の大半は行政機関の予算措置に基づくものであり、福祉分野の行政の執行機関的な役割も果たしている、といっていいだろう。このためかつては職員の多くは地方公務員ＯＢで占められていたが、最近はプロパー職員の数が増えていて、半官半民・公私共同をうたい文句に、民間機関と公的機関の両面のメリットを生かそうとしている。

現在、社協の主な機能のうち障害者向けのものは次の通りであるが、障害者にとって最も身近なサービスは、金銭管理をお願いできる「安心サービス」であろう。

・地域作業所・グループホームを新設する場合の、横浜市及び市社協障害者支援センターからの設立支援資金交付までの資金貸与
・赤い羽根共同募金・善意銀行などの分配金供与
・ボランティアの募集

独立行政法人福祉医療機構（略称：WAM）

戦後設立された社会福祉事業振興会と医療金融公庫が合併した厚生労働省所管の独立行政法人で、独立行政法人福祉医療機構法を設立根拠としていて施設整備の支援が受けられるほか、福祉貸し付けが受けられる。

民間会社・団体

・製薬会社・電鉄会社・各種ボランティア団体などの寄付

一口メモ

ここで、かつて存在した全家連（全国精神障害者家族連合会　2007年に破産・解散）について、あえて付記しておきたい。

昭和20年代の後半には精神科病院単位で家族会が作られていたようだが、それがその後全国精神障害者家族会としてまとまり、同家族会を経て昭和40年に全家連が誕生、2年後に財団法人化した。

全家連は、機関誌として「月刊ぜんかれん」を発行し、小規模作業所の運営、精神障害者保健福祉手帳の制定への関与、精神障害者の社会復帰についての調査・研究、それに新しい抗精神病薬の早期承認陳情など、様々な活動を重ねてきた。中でも特筆すべきは、序章で述べた精神分裂病の診断名の統合失調症への変更が、社団法人日本精神神経学会に対する全家連の要望によって実現したことである。しかし残念なことに、2002年補助金の目的外使用が発覚して返還命令を受け、2007年に破産・解散の憂き目にあっている。

そんなことから、NPO法人や社会福祉法人が国や地方公共団体と付き合うにあたっては、次の二点を肝に銘じておきたい。

一つ目は、全家連は厚生省（当時）から、補助金をもらうためと疑われるような天下りを受け入れていたが、障害者支援団体はNPO法人であれ社会福祉法人であれ、多くの補助金事業を実施しているので、事業に必要な人材を官庁ＯＢに求めるにしても、李下に冠を正さずという心がけでありたいもの。たとえそれが得難い人材であったとしても、例えばハローワークや求人サイト経由などで募集⇓応募⇓面接⇓採用などの段階を踏むなど、後ろ指をさされない公明正大な手順を踏んで採用すること。

かつて中国の友人から、彼の国では官を辞した後の再就職を「海下り」と表現する、と聞いたことがある。日本語の天下りに似た語感を持つこの言葉は、役人がその任務を終えた後、大陸に住む中国人が怖いと考える「海」に「下る」と例えている。それだけ厳しい覚悟の必要がある、と教えているようだ。

二つ目は、公務員ＯＢが会社や団体に再就職して経営・運営に関与する際には、現金の増減だけでなく、それに伴う資産の価値も表すことのできる複式簿記を勉強しておくべきこと。もっとも、実務は経理担当の人がやっているから、必要なことは複式簿記の由来や意味するところなどをよく理解することである。そして出来上がった財務諸表によって資金や借金のありかや流れ、収支・内部留保の状況などを常に適切に把握しておくべきである。

というのも国であれ地方自治体であれ、税金を預かって仕事をしている公務員は、預かった予算額を執行するのが仕事で、あえて例えるならば、家計簿や子供の小遣い帳と基本的に同じものを見ているわけである。つまり、所属組織の収入・預貯金・借金や土地・建物などの資産といった財務状況に疎くても、現役時代では仕事はできる。

しかし一旦OBとなってから関わった団体で、経理の帳簿上、収支の帳尻が合っている間は問題ないが、ひとたび全家連のように何らかの理由で補助金返還を求められると、たちまち組織は解体し、特に利用者・関係者に多大の迷惑をかけることになる。こんなことから、せめて複式簿記のイロハを勉強して、普段から経営の実態を的確に把握しておくべきと考える。

官・民の帳簿の違いについて、具体例を示せば分かり易い。かつて厚生省は、国立病院の独立行政法人化に取り組んだことがあった。その時の最大の課題は、大福帳方式の帳簿に慣れた人が、国から移管された土地などの財産管理も含めた複式簿記に慣れることであった。その頃の記憶では、全職員の研修プログラムの計画だけで3センチ位の冊子が二冊出来上がっていた。

ちなみに、古くは電電公社や国鉄の民営化の際にも、このような移行事務があったはずだ。かつて国営企業が経営していた電力・電話・鉄道・病院などの事業が、民営化・独法化により、今や世界に引けを取らぬ立派な事業体として運営されていることに注目したい。

（資料）「精神保健医療福祉白書　2018／2019」、中央法規
「会計の世界史　イタリア、イギリス、アメリカ―500年の物語」田中靖浩著、2018年、日本経済新聞出版社
「30th　Anniversary　街の中へ　人の中へ」、特定非営利活動法人　横浜市精神障害者地域生活支援連合会発行、2018年5月26日
「帳簿の世界史」、ジェイコブ・ソール著、2015年、文藝春秋

第20章　地方行政の役割

障害者の自立支援は、公助・共助・自助の3要素に分けられる。

公助の基本は、無論第八部で述べる法律の定めるところによるが、その運用にあたっては地方行政の決するところが少なくなく、実務上大きな役割を果たしていることは言うまでもない。また団体の設立認可、指導・助成なども地方行政の役割とされており、実に多方面から関わっている。

さらに支援事業の当事者の立場から見ると、福祉サービスの受給要件を満たしているか否かは、市町村に申請することから始まると規定されていて、すべての公助が市区町村の窓口から始まると言ってよい。

例えば、入院中の当事者が退院後の障害福祉サービスを受けるために市区町村の障害者支援担当窓口を訪れた場合、「障害福祉サービス支給申請書」を提出することからスタートする。申請するサービスの内容は、共同生活支援（グループホーム）、就労支援、地域生活支援（地域生活支援センターなど）、同行支援など様々である。各々のサービスにたどり着く流れの中で計画相談支援事業者とは、社会福祉法人、NPO法人、生活支援センターを指し、行政から依頼があると申請者の希望や状況を踏まえて、ヘルパー派遣など「サービス等利用計画案」を作成する。それぞれのサービスの内容については、第六部と第七部で説明した。

なお精神障害者保健福祉手帳の交付申請、障害者年金の申請、生活保護の申請などもとりあえず障害者支援担当窓口を訪れ、必要に応じてそれぞれ担当部局につないでもらえる。

横浜市の場合、その人口は370万余で、日本の市町村中最大である。ということは、計算上、市内におよそ3万7000余の統合失調症に悩む人がいる、と推計できる。

市の障害福祉施策の大元は、予算など市議会の決するところによる。我々にとっては、それに従って行政当局が実施する事業が最大の関心事であるが、障害者に対する事業に関する限り、当局や出先機関が直接手を下すことは、事実上ほとんど不可能である。

したがって実際上は、NPO法人なり社会福祉法人なり、その他の事業体が市の事業を受託したり、補助金を得て実施することがほとんどである。

ここで注意しておきたいのは、受託事業と補助金事業の違い。受託事業は市が自らの責任で実施しようとする事業をそっくりそのまま引き受けて市以外の法人が実施するものであり、補助金事業は逆に市以外の法人が実施する事業に、市が「いいね」と言ってお金を補助する違いがあると言うことだ。

ちなみに精神障害者保健福祉手帳の市内の取得者数をみると3万数千人で、身体・知的の障害に比べて近年の増加率が最も高い。これは逆に言えば、精神障害の分野の対策が出遅れている、ないしは対策が現在進行形であることを物語っている。

その遅れの原因は、精神障害の当事者が最近になってようやく「障害者扱い」されるようになったことと無関係ではあるまいが、その経緯については、第八部で述べる。

なお横浜市の場合、様々な独自の事業が実施されており、隣接する川崎市・町田市・藤沢市などと少しずつ異なる事業もある。このためその各々に居住する自立支援団体同士、相互に情報交換・意見交換しながら事業を進めているところである。

組織・人員配置

市役所には、健康福祉局に地域福祉保健部、生活福祉部、障害福祉保健部などが置かれていて、障害者の自立支援に必要なハード面・ソフト面の様々なサービスを担当している。

また区役所では、高齢・障害支援課が出先機関としての機能を果たしている。精神障害者が直接日常的にお世話になる医療ソーシャルワーカー（Medical Social Worker：以下ＭＳＷと略す）は、各区の福祉保健センターに所属している。

障害者プランの策定

横浜市の場合、障害者に関する施策の方向性を定める障害者計画と、日常生活と社会生活を総合的に支援するためのサービスの利用見込み量を定める障害福祉計画を、合わせ技一本で合体して「障害者プラン」を6年に1回策定している。このうち障害福祉部分については3年ごとに見直されている（障害者計画は障害基本法に、また障害福祉計画は障害者総合支援法に、それぞれ基づくものであり、

第八部で詳述する)。

このプランの策定にあたっては、市内の有識者・関係者からなる障害者施策推進協議会及び障害者施策検討部会が諮問・答申している。

プラン中、例えばグループホームの設置・運営の項によると、共同生活型住居設置とその運用への支援、それに一人暮らし用のサテライト型住居の活用する方針を明示の上、毎年度利用者２００人分の新規設置が予算化されていて、この目標はここ数年ほぼ達成されている。

ただしこの２００人と言う数字は、あくまで3障害を合わせたもので、その内訳は明らかにされていない。実際上はほとんど知的障害者用で、精神障害者用はとても少ないと聞いており、出遅れ感が否めない。

資金の流れ

地方自治体が一般財源として日常の行政運営に使用しうるお金に地方交付税交付金がある。「地方交付税交付金」とは、国が地方自治体間の税収の不均衡を調整するため国が代わって国税として徴収したものを一定の基準（所得税のおよそ3分の1、酒税のおよそ半分、法人税のおよそ3分の1、消費税のおよそ5分の1など）に従って渡すものだ。このため毎年度国の予算が確定するまで、地方自治体には収入が不明という面倒な側面がある。

これについては、一部に「中央集権で、地方をないがしろにする」との批判もあるが、規模の小さい自治体が税徴収の事務に耐えられるのかを考えたとき、このやり方は納得しうるもの（ちなみに東京都はもらえない）。ともあれ、元はといえばすべて税金であることを忘れてはなるまい。

課題

青葉区の家族会によれば、精神障害者として把握されている人数は区内に３８６０人とされているのに対し、区の福祉保健センターのＭＳＷはわずか４人で、計算上は１人のＭＳＷが９００人近い当事者のお世話をすることになっているという。

そして区のＭＳＷは、当事者家族にとって、相談や各種手続きなどをお願いする最初の窓口の役目を担っていて、青葉区の場合担当者が忙しすぎて訪問活動が事実上困難な状況を迎えていると聞く。というのも、青葉区は１９９４年に新設された市内で最も新しい区で、市内にＭＳＷの人数に著しい偏りが生じていて、家族会の長年の要望にもかかわらず、青葉区内の当事者・家族は他の区と比べて、極めて不利な状態に置かれたままとなっているからのようだ。

青葉区ではこのことに限らず、他の分野でも同じような現象がみられるらしく、一部に「青葉市」独立論を唱える人がいるのも無理はない。

このような人員増を求める案件は、議会筋や行政当局に対して陳情しても埒が明かないのなら、第18章で述べる生活支援センターを充実強化して代替機能を持たせるなどの措置ないし何か新しいシステムを準備して不公平を解消する、ひと工夫がほしい。そうもいかないのであれば、先行き要望以上の行政手続きに則った何かしかるべき手段を考える人が出てきても仕方がない。

一口メモ

医療ソーシャルワーカー（ＭＳＷ）は、医療機関や地方行政機関における福祉の専門職で、病気になった患者や家族を社会福祉の立場からサポートする人を指す。ＭＳＷになるための特別な資格は必要ではないが、多くの場合国家資格である社会福祉士や精神保健福祉士が応募要件とされている。

（資料）第３期障害者プラン、平成30年４月、横浜市健康福祉局・こども青少年局・教育委員会事務局
障害福祉のあんない、令和３年６月、横浜市健康福祉局障害施策推進課

第八部

精神障害者のための法律と条約

精神障害者の医療・福祉や自立支援に関する法律は、今日の姿になるまでに長い年月を要し、しかも多岐にわたっている。法律は関係者の権利や義務を規定していて、具体的な事例が書いてないからとっつきにくく、条文を読んだだけでは分かりにくい。いずれにしても面倒な代物である。

本書中の各章では、ここまで意識的に関係法令になるべく触れずに、あえて事実関係のみの説明を試みた。個々の事柄についてその根拠となる法律をその都度説明していると、読み手にとって煩わしくなることを懸念したためである。

しかし精神科医療は、病識がなくて自傷他害の恐れがある患者に、本人の意思に関わらず治療を加えざるを得ない場合もあって人権問題を起こしかねないという側面もあり、他に類を見ない難しさがある。

また、福祉サービスにしろ、自立支援にしろ、公助は税金やその他の公的なお金で賄われている上、様々な権利・義務関係が絡んでいて、それらは言うまでもなく我々の代表が決めた法律で規定せざるを得ない。

このため障害者の医療・福祉と自立支援の仕組みや制度を法律抜きで語ることは、不可能と言わざるを得ない。特に障害者支援業務の基本を理解しておく必要のある人には、面倒でも必須の知識である。しかし、実務上そのような立場でない人には、煩わしいだけの記述かも知れない。

ここで精神障害者に関する法律の歴史を辿っておくと、１９００年（明治33年）に家族などが精神障害者を私宅などに監置出来ることを規定した「精神病者監護法」が出発点であった（１４９ページ図参照)。

その後この間の医療の進歩、福祉の充実、人権への配慮などもあって、数え切れない位の法律改正や新規立法があり、それに医療と福祉の分化、行政の役割の変化など、数々のいわば「試行」が繰り返されている。

この部ではこのような法律の全貌を明らかにしておきたいところだが、数ある関係法令の中で精神保健福祉法と障害者総合支援法の２本の法律に絞って、主に自立支援の側面から整理することとしたい。この方法は、いささか厳密さを欠くことになるとしても、自立支援事業の基本骨格を把握するのに役立つと考えられる。

図中の精神保健福祉法と障害者総合支援法の２法について、その各々の歴史を辿るとともに、法制化への提言などの国内的要因と、障害者権利条約批准に至る国際的要因をまとめたものである。

なおこの部の結論を急げば、精神障害者のための法律は、最初の立法以来１００年以上の年月を経て、ようやく落ち着くところに落ち着き、今後多少の修正があるにせよ、基本的には出来上がった姿とみるべきと考えられる。現にこの原稿を書いているそばから、障害者が地域で暮らしていけるように支援を強化するための障害者関連法改正案が、順次国会に提出されている。

一口メモ

この部の記述にあたっては、国立国会図書館の国会会議録検索システムをフルに活用した。誰でもいつでも在宅で使用できるこの検索システムは、国会での各委員会や本会議における法案審議の模様を一言半句間違いなく知ることが出来、発言者、法令名、委員会名、委員会期日などでも検索できるなど、極めて有用であったことを付記する。

図　精神保健福祉法と障害者総合支援法の変遷と国際要因

衛生・福祉	国内要因	自立支援	国際要因
1900年 精神病者監護法			
1919年 精神病院法			
1950年 精神衛生法			
	1964年（ライシャワー事件）		
		1970年 心身障害者対策基本法（精神含まず）	
			1981年（国際障害者年）
	1975～85年（精神病院へ国庫補助）		
1987年 精神保健法			
		1993年 障害者基本法（精神含む）	
1995年 **精神保健福祉法**			
	1998年　NPO 法		
	2000年（社会福祉基礎構造改革）「社会福祉法」		
			2001年（障害者権利条約特別委員会）
	2003年（支援費制度）		
	2004年（精神保健医療福祉の改革ビジョン）		
		2005年 障害者自立支援法	（障害者権利条約採択）
			2007年（障害者権利条約署名）
		2012年 **障害者総合支援法**	
			2014年（障害者権利条約批准）

第21章　精神保健福祉法

精神障害者の医療と福祉に関する1本目の法律は、1995年（平成7年）に制定された精神保健福祉法（正式名称は「精神保健及び精神障害者福祉に関する法律」）で、医療と福祉の二つの側面から規定されている。

この法律の前身である精神衛生法は、第二次世界大戦後、欧米の精神衛生の考え方を取り込んで1950年（昭和25年）に制定されたもの。その結果、明治時代の精神病者監護法及び大正時代の精神病院法（道府県が精神病院を設置できるとした）は、廃止された。

この精神衛生法では、

・明治以来続いていた私宅監置が禁止され、
・都道府県に公立の精神病院の設置義務が課せられ、
・医療保護入院や措置入院・緊急入院の制度が新設され、
・自傷他害のおそれのある精神障害者の措置入院制度ができ、
・保護義務者の同意による同意入院制度が始まり、
・精神障害者の拘束の要否を決定する精神衛生鑑定医制度が始まった。

その当時としては画期的な法律であったと考えられる。

その後民間の精神病院に施設整備や運営に対して国庫補助が行われたので、精神科病院の建設ブームが巻き起こり昭和30年に4万4000床であったものが、15年間で25万床にまで増加している。このため、我が国の精神科医療は、民間医療機関に依存する傾向を強めたとの指摘がある。

それと同時に、前述のクロルプロマジンなどによる薬物療法が始まって、精神症状が相当程度コントロールできるようになる一方、症状の改善した精神障害者の長期入院・社会的入院が新たな課題となってきた。

「月刊みんなねっと」によると、その頃、地方の精神科病院に勤務しておられたある看護師さんは、「大きな出来事の一つに昭和四十年の精神衛生法の改正があり、急遽自宅監禁が禁止になりました。当時精神障害者の多くは、自宅で監禁されていたのです。したがって、一度に大勢の患者さんが入院されました。準備の余裕もないままだったので、廊下にベッドを並べて寝てもらいました。まさに病院はパンクしそうになったのです」と述べておられる。この法律とその後の施策の効果が目に見えるような発言である。

その後精神衛生法は、精神保健法（1987年、昭和62年）へと名称が変更され、さらに現行の精神保健福祉法（1995年、平成7年）へと衣替えして、現在に至っている。

この精神保健福祉法は、平成5年に障害者基本法（第23章で詳述）が成立して、精神障害の当事者が法律上明確に「障害者」として認知されるようになったことによるもので、精神障害者の福祉施策が法体系上に初めて位置付けられたといえる。

精神保健福祉法による精神障害者の当事者にとってなじみのある福祉施策を具体的に挙げると、

・精神障害者保健福祉手帳（等級は、1級から3級まであり、3級が一番軽い）の制度が新設され、

・社会復帰施設が生活訓練施設、授産施設、福祉ホーム、福祉工場の4つに類型化され、

・社会適応訓練事業が法定化され、

・地域における精神保健福祉施策の充実と市町村の役割が明確化され、

・医療費の公費負担に関する保険優先化が明示された。

また継続的な通院で精神療法や薬物療法を受けている場合の医療費の自己負担を軽減してもらえる制度も、この法律を根拠としている。

このうち障害者手帳については、これを取得することにより、全国一律のサービスとして、所得税・住民税・相続税・NHK受信料などが減免されるほか、地域による違いもあるが鉄道・バス・タクシー・携帯電話・上下水道などの公共料金の割引・減免などのサービスが受けられる。

続く1999年（平成11年）の改正では、居宅生活支援事業（ホームヘルプ、ショートステイ、グループホーム）が市町村により実施されることになっている。また同時に、医療保護入院（入院医療を必要とする状態であるのに本人がそれを認めず、やむなく家族が同意しての入院）と患者移送につ

いて明文の規定が設けられている。この患者移送の問題は、時として家族にとって難題となる。引きこもりのケースを見るにつけ、法律が整備されたからと言って、それで良しとするわけにはいかない課題である。

なおこの法律改正の5年後（２００４年、平成16年）に、法律事項ではないが「精神保健医療福祉の改革ビジョン」の中で、「入院医療中心から地域生活中心へ」とする10年間の方向性が厚生労働省から打ち出されている。その中で「「受入条件が整えば退院可能な者（7万人）」については、精神病床の機能分化・地域生活支援体制の強化等、立ち後れた精神保健医療福祉体系の再編と基盤強化を全体的に進めることにより、併せて10年後に解消することを目標」として掲げていることに注目にするべきである（傍線は筆者による。またここでいう10年後は２０１４年を指す）。

一口メモ　障害年金と生活保護費

精神障害のために就労出来なかったり失職した人にとって、障害年金や生活保護費が収入の糧となる。これらはそれぞれの法律を根拠に支給財源を確保し、そのもとで支給の判定基準を持っている。前述の障害者手帳と直接リンクしてはいないが、密接に関係している。

障害年金は、年金制度に加入している人が障害の程度に応じて受け取れる年金のことで、初診日に加入していた公的年金制度（厚生年金、国民年金、共済年金）によって支給される年金種類が決まる。20歳未満で発症した場合、年金に未加入であり、加入年齢に達した20歳以降年金を支払うことによって受給可能となるので、要注意！また、20歳以降発症した人が発症時点で年金に未加入であれば、受給要件を満たしていないと判断されるから、要注意！年金額は障害等級によって異なり、これは障害者手帳の等級とほぼリンクしている。

一方、生活保護費は年金制度と異なり、最低生活に必要な月額13万円以下の収入の方に支給される。職についていたり、年金が支給されている場合、13万円から減額した額が支給される。

（資料）「精神保健医療福祉白書　２０１８／２０１９」、中央法規
高知県庁ホームページ、「精神保健福祉の歴史」
国会会議録検索システム、国会図書館
「月刊みんなねっと」、佐竹清子、２０２０年12月、全国精神保健福祉連合会
高知県庁ホームページ、「精神保健福祉の歴史」
国会会議録検索システム、国会図書館

第22章　障害者権利条約

ここで障害者総合支援法の説明に入る前に、２００６年に国連総会で採択された障害者権利条約とその批准のための一連の法整備、特に障害者総合支援法への影響について触れておきたい。

この条約は、従来の障害者対策が、ともするとリハビリや福祉の観点からなされるのに対し、名称からもわかる通り、国際人権法に基づいて考えられた点に留意するべきである。その意味で障害者対策について、パラダイムシフトが起きたことを心に留めておきたい。

一般に、各国は国内法を条約が求める水準まで整備して、初めて条約を批准することが出来る。日本は、２００７年に将来この条約に参加する意思を表明する署名を行ってから、障害者総合支援法などの関連法が成立した２０１４年に国会がこの条約の批准を承認している。このことは、国内法の整備に7年もの年月を要したことを物語っている。

日本の批准はとても遅かった、と感じる人もいたようだ。しかし国内法を整備することなく、条約の条文をそのまま国内法として適用する、と決議して批准する国もある。つまり、批准が早ければいいというものではない。厳密な国内法の整備に多少時間がかかったのであれば何も問題はなく、むしろ一連の関連国内法が整備されたことをもって、是とするべきである。

条約の採択・署名・批准といった一連の動きは、一般に国内法の整備に直接的影響を及ぼすだけに、国内の立法・行政機関や及ぼす間接的影響も大きく、かつ様々な関係者にとっても大きな関心事として受け止められることに注目するべきである。

とりわけ条約の順守状況が評価されるので、政府機関は一定の緊張状態に置かれることになる。最近では、２０２２年8月にジュネーブで開催された国連障害者権利委員会が初の対日審査を行い、委員の中には「日本では障害者の中でも特に精神障害者に対する偏見が根深いと聞くが、この深刻な偏見をなくすために日本政府はどのような具体策を講じているのか。」と指摘する者もいた。同委員会は翌9月には、強制入院により障害者の自由をはく奪するすべての法規制の廃止及び予算配分を地域社会での自立生活の支援に振り向けること等を求める総括意見を出している。他国に類を見ない入院期間の長さと人口当たりの入院ベッド数の多さなどを念頭に置いたものと考えられる。

ちなみにアメリカは、どういうわけか、本書執筆時点において本条約をまだ批准していない。

なお、この条約を検討するために国連が設置した障害者権利条約特別委員会の記録によると、障害者団体が、「Nothing about us without us（私たちのことを、私たち抜きに決めないで）」を合言葉のもと会議に参加して発言の機会を与えられた上で、議論が積み重ねられたようだ。この事実は、この問題の将来を考える様々な立場の人たちにとって重要である、と考えられる。

第23章　障害者基本法

障害者総合支援法の説明を始める前にもう一つ、その前身となった障害者基本法についても触れておこう（注：基本法というのは一般に、国政の重要分野について進めるべき施策の基本的な理念や方針を明らかにするとともに、施策の推進体制について定めるもの、とされている。また憲法と個別法との間をつなぎ、憲法の理念を具体化する役割を果たしている、という説明もある）。

精神障害と基本法の二語で検索すると、「障害者基本法」が出てくるが、さらにこの法律名で検索を続けると、昭和45年（１９７０年）の「心身障害者対策基本法」に行き当たる。

この心身障害者対策基本法は、１９４９年の身体障害者福祉法と１９６０年の知的障害者福祉法の上位法と位置付けられ、「この法律は、障害者の自立及び社会参加の支援等のための基本理念を定め、国・地方公共団体等の責務を明らかにするとともに、障害者の自立及び社会参加の支援等のための施策を定める」としている。

そこで昭和45年当時の国会議事録を検索してみると、基本法制定にはよくあることのようだが、議員立法・超党派で成立とある。つまり法案を政府が用意したのではなくて、この問題に関心のある議員が提案したのである。

ところが、法律原案の起草にあたった社会労働委員会やその小委員会の議事録を見ると精神障害の

「セ」もない。この事実は当時の国会議員誰一人として、精神障害を身体障害や知的障害と同列の問題と捉えていなかったことを物語っている。言い換えれば、精神障害は特殊な病気であって医療の対象でしかない、という当時の世間の常識を反映したものであった。

この時代、前章で述べた通り精神病院の建設ラッシュの影響からか大半の精神障害者は病院に居たため、自立や社会参加のための支援策など、議員誰一人思いも及ばなかったのかも知れない。

そしてこの法律は、数次の改正を経た後、平成5年（1993年）に名称が「障害者基本法」に改められるとともに、法律の対象を身体障害、精神薄弱（当時の用語、現在の知的障害）又は精神障害とし、精神障害者に対する福祉が明示されることになった。

言い換えれば、昭和45年の心身障害者対策基本法成立時点で、国会議員は誰一人として精神障害を身体障害や知的障害のような支援対象と考えていなかったのだ。そして、その23年後に成立した障害者基本法でようやく精神障害が含められる、という歴史があったのだ。

ということは、第二部でさんざん日本の「出でよ！精神科病棟」政策がアメリカの半世紀遅れであったことを論じたが、障害者施策を講じる上でもっとも重要な基本法においても、精神障害者はほぼ四半世紀遅れでようやく、身体障害や知的障害と同列に扱われるようになった歴史的事実を、あえて指摘しておきたい（身体・知的障害の個別法で対応されていた時代から起算すると、半世紀近く遅れている）。

第24章　障害者総合支援法

障害者総合支援法について説明する。この法律の正式名称は、「障害者の日常生活及び社会生活を総合的に支援するための法律」で、障害者の日常生活や社会生活を支援するために制定された、この長たらしい名前の法律は、２０１２年（平成24年）に成立し、翌２０１３年に施行されている。

結論から言えば、この障害者総合支援法が成立したことによって、障害者の自立に必要な支援のための体制がようやく整ったと言える。いずれも今世紀に入ってからの出来事であり、これで精神障害者の日常生活や社会生活を支援する体制は、ようやく試行錯誤の段階を越えた、と言って差し支えないだろう。

なお、このような一連の流れは、２０００年の社会福祉基礎構造改革から始まった助走段階を経て、障害者総合支援法制定に至る過程を、次に示す四つの段階で理解しておくのが良さそうだ。

第一段階　社会福祉基礎構造改革（２０００年）

そもそも社会福祉事業については、日本国憲法第25条に「国が社会福祉の向上・増進に努めなければならない」との理念が規定され、かつ１９５１年の社会福祉事業法で具体化された後、様々な方面で事業が展開されてきた。

それからおよそ半世紀間、社会福祉事業の基本については大きな改革が行われずに推移した。

このため2000年の社会福祉基礎構造改革では、社会福祉事業全般、実働部隊としての社会福祉法人及び措置制度などを全面的に見直し、かつ地方分権の推進や規制緩和などにも配慮しつつ、関係法律を半世紀ぶりに整理する案が提示された。

この改革大綱は、今日の社会福祉政策のグランドデザインと位置付けてよいだろう。

第二段階　支援費制度（2003年～）

新憲法下でスタートした公的機関が関わる社会福祉事業は、概ね福祉サービスの内容や対象者を行政側が決定することになっていた。あえて口を極めていうならば、「お上が下さるもの」のようでもあった。

これを根本的に改めようとしたのが、社会福祉基礎構造改革で示された考え方。

この考え方の下で、国は福祉サービスの利用者が自らの意志で利用するサービスを選択できる利用制度へと方向転換した。

具体的には、福祉サービス事業者とサービスを受ける者の間で契約を交わすことが始まっている。これは事業者・利用者双方にとって、一大転換と言っていいだろう。

しかしこの変更は、本人に契約する能力が十分あることが前提となっており、精神障害者の場合、認知症高齢者と同様、判断能力が不十分で本人に不利な契約を結んでしまうことがありうるので、2000年からスタートした成年後見人制度が利用できることになっている。

そんな背景のもと、２００３年に支援費制度が始まっている。

しかもこの時、従来の社会福祉事業が地方自治体と社会福祉法人のいわば独占事業状態であったものが規制緩和されて、少し前に始まったＮＰＯ法人（１９９８年ＮＰＯ法）の他に一般企業などの参加を促したので、この頃から様々な事業体が障害者福祉事業に参加し、自ずと競争原理が働くようになった。

なお支援費制度はいわゆる保険制度ではないが、その運用にあたってはすでに出来上がっていた高齢者の介護保険制度を参考にして、サービス対象者の認定、サービスの程度の区分認定、サービス提供のプロセスなどが構築されている。

しかしこの支援費制度は、いざ運用が始まってみると、わずか数年で予想以上のサービス利用による財源不足に陥り、しかもサービス利用料に地域差が発生するなどの問題が発生した。

第三段階　障害者自立支援法（２００６年～）

第二段階で述べた支援費制度の問題点を解消するべく登場したのが、２００６年の障害者自立支援法。この法律成立以前は、身体・知的・精神の3障害が障害の種別ごとにサービスを提供されることになっていたが、この法律により市町村が中心になって一元的に福祉サービスを提供し、都道府県と国がそれを援助する仕組みが創設された。

特に精神障害について言うならば、それまで支援制度の対象とされてこなかったため、この法律の制定により、当時の関係者には新しい時代を迎えた、との印象が与えられたのではないか。

ところが自立支援の制度の安定化を図るという名目で、国の財政負担責任を明確化するとともに、サービス利用者の負担についても見直しが行われたことが大方の反発を招くこととなった。

その背景には、社会保障に必要な経費負担の増大に対する危機感があったものと思われる。いつの世にも財政当局は、国家財政の健全性を保つため、歳入と歳出の均衡を保つことに最大の注意を払っている。これは家計を例にとっても分かる通り、それ自体は致し方ないものだ。

具体的には、従来は利用者の収入に応じた応能負担であったが、サービス量に応じて原則1割の負担を求めることとしたもの。しかしこれでは、重い障害の人ほどサービスをより多く必要とする反面、働く機会が少なく収入が少ないため、負担が重くなる。

このためこの改正に対して、当事者・家族、支援者、学識経験者などから強い反対が表明され、2008年（平成22年）には、71名の当事者がこの法律改正を憲法違反とする訴訟を全国各地で起こした。

そして2010年1月7日（平成22年）、国（厚生労働省）と原告団・弁護団との間で、障害者自立支援法廃止と新法の制定などを約束する基本合意を条件として和解が行われ、これが現行の障害者総合支援法成立へとつながっている。

なおこの法律の制定に伴い、福祉サービス事業者と利用者の間で契約を結ぶことが始まった。

第四段階　障害者総合支援法（2012年〜）

長めの前置きはこれ位にして、本論の障害者総合支援法。

この法律は、一言でいえば障害のある人が障害のない人と同様に基本的人権が守られ、自立した社会生活を送れるよう様々な支援を行うことを目的として制定されている。

言い換えれば、本書で扱っている障害者自立支援事業の大半がこの法律を根拠としている、とすることが出来、この法律が出来たおかげで、障害者支援区分に応じた支援サービスというやり方が始まっている。

サービスの種類

・訪問系のサービス
・生活支援・就労継続支援などの通所型サービス
・施設への居住型サービス
・自立支援医療など

実施主体

市区町村

費用負担

国・都道府県・市区町村、上限1割の利用者負担など

一口メモ

精神障害者のグループホームは、障害者権利条約の批准を目指して成立した障害者差別解消法（2016年〜）の付帯決議に基づいて法制化されたもの。（付帯決議については、第25章を参照）
最近では、グループホームを卒業して一人暮らしを始めた方について、一定期間ホームが引き続き支援することを始めることが閣議決定され（令和4年9月）たので、早晩法制化されることが見込まれる。

（資料）「精神保健医療福祉白書　2018／2019」、中央法規
高知県庁ホームページ、「精神保健福祉の歴史」
国会会議録検索システム、国会図書館

第25章　行政訴訟、請願、行政不服審査、付帯決議など

前章で、障害者自立支援法が障害者総合支援法に切り替わるきっかけは、当事者などが国に対して起こした違憲訴訟であったと述べた。

そもそも国民の法律に関する要望は、国会議員を通じて立法なり法律改正を実現させることが王道であるが、出来上がった法律に不都合などがあれば、国会に対してその旨を請願することが認められている。

このような請願は国会の度に議員の紹介という形で上程され、その他の議員もこれを認識することとなっている。がしかし、委員会に上程されている請願の山を見ると、議員はそのような要望が国民の間で問題になっていることを認識する程度で、大した効果が期待できないようにも思われる。

一方、行政から見て、国が被告となる訴訟が起きると、無論法務省が全面的に訴訟事務に関わることになるが、訴えられた事柄を所管する省庁が実務面で矢面に立たされることになる。

かつて国家公務員として働いた経験に照らして言うと、仕事上訴訟を抱えるのは結構負担で、出来れば避けたいという気分にならざるを得ない。このため日々行政上の判断を下すにあたって、「訴訟になっても負けない判断」を自らに課し、また周囲にも呼び掛けた記憶がある。

ましてや違憲訴訟ともなると、たとえそれが議員立法で成立した法律であっても、その法律の所管官庁である限り、対応を免れることはできない。そして障害者自立支援法の場合のように裁判所が仲

に入った和解という形で落ち着くこともあるが、場合によっては違憲の判決が出て、法律が立ちどころに失効してしまうケースすらある。

このような事態は所管官庁にとっては後始末が面倒だが、訴訟を起こした側から言えば、それだけ有力な手段ということが出来る。

一方、行政不服審査は、行政庁を相手取った訴訟ほどではないが、行政不服審査法上認められた行為であり、より簡便な手続きで短い期間に結論が得られ、費用も安く済む。

障害者の支援に関する行政事務は、すでに見てきたように市町村が担当しているため、自分たちの要望事項を市町村議会議員に伝えて行政当局を動かそうとする向きもあるが、行政庁の処分に不服があるときは、行政不服審査制度の利用も一考に値する。

また法律を見るときに忘れてはならない附帯決議についても、一言述べておこう。法律というと制定された条文のみに目が行きがちであるが、審議時間が足りなくて次の課題として残されたり、成立の過程で与野党の意見がかみ合わず、どうしても賛成しない野党に対する妥協の産物として法律の末尾に付け加えられるのが付帯決議である。

これは法律事項ではないが、その法律が改正されない限り末尾とはいえ法律について回り、内容によっては行政庁に対するプレッシャー材料になるなど、思わぬ効果を発揮することがあることを付記しておこう。

さらに事のついでに、法律が制定された時の提案理由説明ついても述べておこう。これまた法律事項ではないが、その法律が新規立法なり法律改正をしなければならない理由について、内閣提出であれば政府の考えが、また議員立法であれば提案した議員の考えが端的に示されている。その法律が成立した背景を端的に理解するうえで、参考になることが多い。

一口メモ　付帯決議と提案理由の例―精神保健福祉士の国家資格化

平成7年の精神保健法改正の付帯決議に、精神科ソーシャルワーカーの国家資格化が盛り込まれ、翌年国家資格化に関する研究班が発足し、平成9年に精神保健福祉士法として成立している。国会上程時の提案理由説明を検索すると、小泉純一郎厚生大臣（当時）が次のように述べている。

「我が国の精神障害者の現状につきましては、諸外国と比べて入院して医療を受けている者の割合が高く、また、入院して医療を受けている期間が著しく長期にわたりますこと等が指摘されており、精神保健の向上及び精神障害者の福祉を図る上で、その社会復帰を促進することが喫緊の課題となっております。

こうした状況を踏まえ、精神障害者の社会復帰に関する相談及び援助の業務に従事する者の資質の向上及びその業務の適正を図り、精神障害者やその家族が安心して支援を受けることが出来るよう、新たに精神保健福祉士の資格を定めることとし、この法案を提出することとした次第であります。」

（資料）国会会議録検索システム、国会図書館

第九部

生きがいを求めて

前部までに、統合失調症は15歳から35歳までの、特に思春期・青春期に発症することが多いと述べた。例えば重度心身障害児の場合、その多くは生後早くに気付き、親も若い頃からケアにあたっている。それに比べると、統合失調症は20年ほど遅く発症する分、親の年齢も高いことが特徴的である。

そして自立支援活動を通じて出会った当事者の多くは、発症直前まで順調に育っていて学校の成績や体力も良好だったようであるし、両親、兄弟姉妹にとっても、発症は青天の霹靂、驚天動地の出来事としか言いようがない。

一言でいえば、当事者はもちろん、その両親や兄弟姉妹から見ても、前途洋々、夢見心地の学校生活や職場生活を送っていて、将来に何の不安もなかったと想像できる。

そんな状態からの突然の発症だから、大相撲に例えれば前頭筆頭で三役は目前、人によっては大関・横綱になることも期待された器だったものが、序二段・序の口に落ちたような、あるいは一気に廃業にまで追い込まれたような気分だったかも知れない。

また登山に例えれば、アルプスのアイガー北壁を登頂寸前あと一歩というところで滑落して地面に叩きつけられ、満身創痍となってしまった感があるようにも見える。結構高い所に居ただけにその挫折感は大きく、かつそれが解消できないまま先が見えない状況、とも言えそうだ。

さらに野球に例えれば、高校野球での活躍振りがプロ野球スカウトの目に留まり、ドラフト1位、2位で指名されたにもかかわらず、怪我か病気で一軍はおろか二軍の試合に出ることなく、そのまま引退してしまったようなことなのかも知れない。

中途障害という言葉があるが、なまじ発症前の良き時代の記憶がしっかり脳裏に刻まれているだけにそこからの落差は大きく、こんな自分は本当の自分じゃない、という自己否定が一層重荷になっているのかもしれない。そしてそれ故に、事情を知らない周囲の人からはプライドが高い、と見られるのかも知れない。

ところでこれまで支援付きの自立について、様々な切り口で情報を提供した。しかし、支援付き自立が実現したとして、ことはそれで一件落着したと言っていいのか？

曲がりなりにも支援付き自立にこぎつけたが、例えば毎日孤独にさいなまれ、日々孤立感だけが深まるというのでは、これまたつらい話だ。果たしてその生活に生きがいがあるのか、という課題が残っていそうな気がしてならない。

ところで「生きがい」という日本語は、「もったいない」などとともに諸外国の人たちに注目されているが、外国語に翻訳しにくい言葉らしく、そのまま「Ikigai」、「Mottainai」などとして通用する、今や国際語になっているという。

そんなことから試みに精神障害者の「生きがい」について考えるヒントを求めて、「精神科医師」と「生きがい」をキーワードにして検索したところ、神谷美恵子医師の著書「生きがい」にたどり着いた。しかしいくら読んでも結局のところ、私は何一つヒントになりそうな言葉に出くわさなかった。

そこで致し方なく、自分なりにあれこれ記憶をたどって考えてみることにした。

昔こんな話を聞いたことがある。発展途上国に対する技術協力の専門家が、ある南洋の島国の政府から要請があって、豊かな生活を送るための技術支援のために国際協力事業団（ＪＩＣＡ）から派遣されたことがあった。

ところが、島民は専門家の言うことを中々聞いてくれないので、その専門家は「今この技術を頑張って習得しておけば、老後豊かに暮らせますよ」と説得にかかったところ、その島民は「我々は今十分楽しく暮らしているし、老後もこのままでいいと思っている。だから今そんな苦労はしたくない」という答えが返ってきたという。

確かに生きがいや楽しみは人それぞれであるし、大きなお世話と言われても仕方がないが、ともかく話を続けてみよう。

第26章　どう生きるのか、生きがい探し

ある精神科医師が、長年大勢の統合失調患者を診てきた経験から、「好きなことがあれば、いいんですがねえ」と、さらに得意のことがあればベストだ、と話してくれた。それが何がしかの生きがいにつながるということか、と考えたことがある。

この病気の人に限らず、人はどうしても足らざるところに目が行きがちだが、せめて残された能力・体力・気力で、好きなこと、楽しいことを追及して生きていくほかはない。そして好きなことなら、誰にでもあるはずだ。

「半分水が入ったコップ」の例え話がある。このコップを、「水が半分しか入っていないコップ」と見るのか、「水が半分も入っているコップ」と見るのか、同じ量の水なのに正反対の見方が出来る。少しでいいから何とかポジティブな側面から、自分の姿や将来を見つめられないものだろうか？

そこで思い出されるのが釈迦の弟子一人、周利槃特（しゅりはんどく）。彼は自分の名前も覚えられない人で、釈迦の話を聞いてもすぐに忘れてしまうので、それを常日頃悔やんでいた。

彼から相談を受けた釈迦は、周利槃特に「明日から私の説法を聞きに来なくてよい」と告げる。そして箒を一本与えて、「塵を払え、塵を払え」と唱えながら辺りを毎日掃除しなさい、と教える。

釈迦のこの言葉を聞いた周利槃特は、終生毎日掃除を続けるうちに塵とは心の汚れだと悟るに至り、

資質聡明な兄を差し置いて十六羅漢の一人に数えられた、と伝えられている。

「得意」のことで思い出すのが、映画「ビューティフル・マインド」で知られる米国プリンストン大学の天才数学者ジョン・ナッシュ。彼は１９６０年代に統合失調症の幻覚症状のために精神科病院に通いながら、研究生活を続けたという。彼のように統合失調症を抱えながら応用数学の業績でノーベル経済学賞を受賞（１９９４年）した例は、余りにも稀であろう。

しかし私がこれまでに出会った限り、当事者のほぼ全員が学生時代あるいは会社員時代、優秀乃至少なくとも平均以上で、その父母・兄弟姉妹から類推しても、この病気なかりせば相当のことが達成できる人材ではなかったか、と考えられる人がほとんどだった。

そういえばものの本に、ＤＮＡ二重らせんの発見者ジェームス・ワトソンや相対性理論のアルバート・アインシュタインの息子も統合失調症であったと記されていた。

そんなわけで、ジョン・ナッシュを目指そうとまで言わないが、当事者の皆さんが一人でも多く、例えば文化的事業など何か得意の分野で生きていくことは出来ないものか、そしてそれには音楽・文学・絵画・語学など様々な分野でのボランティアの協力が欲しいものだ、と常日頃考えている。

別のキーワードとして、「感謝」に着目してみてはどうだろう？この病気の人は、親族の支援・障害者年金・生活保護費などがあって、いわば労働の軽減ないし免除の状態に置かれているケースが少なくない。

そこで、そのことに日々感謝しながら暮らすのを生きがいにしてみたらどうだろう、というのだ。毎日唯々支援してくれる皆様、ご先祖様や神仏に感謝の祈りをささげてみては如何、と言うことだ。

ちなみに、かつて私は釈迦が仏・法・僧を大切にしなさい、と説いたという話に疑問を持っていた。仏は分かる、法も分かる。しかし僧を大切に、というのは解せない思いが続いていた。この話は、僧が自分たちの立場を守るために、勝手に釈迦の言葉に付け加えたのでは?と感じていたのだ。

しかし年のせいか、釈迦の説いた仏法が末代まで伝わるには、一群の僧が居続けないといけない、と最近ようやく気付いた。僧は在家の人にとって、まるで生き物の命をつなぐDNAのような役割を果たす大切なものだ、と納得するようになった。

そんな僧たちは、生産活動に一切従事せず、世人のお布施で暮らしている。例えば良寛は貧しい暮らしの中で書や和歌に興じ、終日村の子供たちと手毬をつくなどして、遊んで暮らした。

そんな生き方が許されていたからこそ、詩歌など日本文化の一端を担えたと言っていいだろう。そしてその人生はおそらく、感謝の日々であったに違いない。

若いころは分かりにくいが、唯々周りに感謝する日々を暮らす、そんな生き方に切り替えてみるのも一法だ。良寛ほどでなくてもよいから…。

そういえば、私は6年前にNPO法人の理事長の役目を引き継いだ時に、これは「感謝表明業」と認識した。私共NPOの事業所を利用する大勢の当事者とその家族が、職員はもとより公助・共助のおかげで今日の生活を送れている、と気づいたからである。

具体的には、色んな催しでの挨拶、会誌の巻頭言、各種会議への参加などあらゆる機会に、各方面へお礼を申し述べる日々を実行し続けている。不始末をしでかした会社や官庁・政党のトップが、ともすると「謝罪表明業」の様相を呈しているが、あのアナロジーかも知れない。

とここまでいろいろ書いては見たものの、人にはそれぞれで一人一人の生きがいのありようがあって、他人には考えられない。唯一、絆を大切にするくらいが共通かも知れない。いずれにしても、この辺で中締めにしておこう。

（資料）「精神障害者サバイバー物語―8人の隣人・友達が教えてくれた大切なこと」、月崎時央著、２００２年、中央法規出版株式会社
「人は、人に浴びて人になる　心の病にかかった精神科医の人生12をつなげてくれた12の出会い」、夏苅郁子著、ライフサイエンス出版、２０１７年
「心病む母が遺してくれたもの　精神科医の回復の道のり」、夏苅郁子著、日本評論社、２０１２年
「ビューティフル・マインド　天才数学者の絶望と奇跡」、シルヴィア・ナサー著、塩川優訳、新潮社、２００２年
「技術の系統化調査報告」、梅津浩平、Volume 22、March、２０１５、国立科学博物館

第27章　不幸・不運・絶望、されど健気に

この章ではさらに別のキーワードとして、あえて「不幸せ」の経験に着目して、考えてみることにしよう。

障害者に限らず、人が言い知れぬ不幸を最も強く感じるのは、ことによると「孤独」の二文字に由来するのかも知れない。

例えば犯罪者や非行グループに走った人の体験談を読むと、その多くが孤独にさいなまれて、ついつい居心地の良い反社会集団に入ることが多いようだ。それ程孤独は辛いものなのだ。ならば障害者にとっては、せめて孤独を解消する手立てを講じておくことが、平穏に生きるための最低限の条件なのかもしれない。

そういえば「雨の日に、傘を貸してくれる人と一緒にずぶぬれになってくれる人」の例え話がある。支援者はつい傘を差し伸べようとする。しかし実は、障害者に限らず一緒にずぶぬれになってくれる人の方が、孤独感の解消ということでは余程人の心を打つという、そんな話も分かるような気がする。だからこそ、寄り添う人が必要なのかもしれない。

人は長い人生の間に様々な不幸に見舞われるが、どれ一つを取ってみても同じではないし、比べてみてもしょうがない。そもそも他人のつらい経験を聞いて知ることはあっても追体験はできないから、

話を聞いてもそれをそのまま受け止めるしかない。売れない時期が長かった芸人が、「つらい時の過ごし方が、人生のメイン」と言うのを聞いたことあるが、その通りかもしれない。

また、生涯一度も不幸を経験しない人はいないのだから、周りを見渡して自分だけが不幸と感じたら、お風呂に入る気分で「お先に！」と声をかけて今の不幸を平然とやり過ごすのがコツと語る人もいる。また、「幸運は、不幸の姿でやって来る」という言葉に出くわしたことがある。言い得て妙である。

高齢者になると精神・身体・知的のいずれかの障害に遭遇せざるを得ないことは前にも触れたが、そういう意味では、若くして障害を得た人は、人に先んじて障害に出くわしてしまった、とも言える。

精神障害の場合、障害が出ている時と出ていない時が交互に現れるという特徴は、3障害の中で特異的。障害が出ている時の不幸を忘れるわけにはいかないが、出ていない時のささやかな幸福をうまく捕まえて味わいたいものだ。

巷では、富の高が幸せのバロメーターになっているとみる風潮がある。経済学者は、あたかも経済成長とその果実の分配さえうまくいけば、皆幸せになるかのごとき予測を日々並べ立てている。

経済が大勢の人の命を保ち、欲望を満たすなど大事なのはわかるが、果たしてそうだろうか？それだけだろうか？何かもっと大切なことを忘れてやしませんか？と言いたくもなる。

経済重視のトレンドに取り残されても苦界の下で何とか踏みとどまり、人とのつながりといった無形資産を元手に健気に暮らすという道もあるのではないか？そんな道を探ってみたい。

統合失調症にかかってしまったのは不幸・不運に違いないが、そんな中で「何がしかの幸せ」を見つけることはできないだろうか？「不幸中の幸い」という言葉もある。そんな問いかけを自らに発してみたが、果たしてそれを語るのに適役か、そこのところは我ながら疑問だ。

と言うのも、生い立ちのせいか生まれてこの方、自分自身の「幸せ」を考えたことが一度も無かったからだ。私の辞書に、「幸せ」の字はなかったような気がする。

そんな自分に気づかされたのは、およそ50年近く前、姫路の播磨国総社での結婚式・披露宴の終わった直後のこと。たった今なったばかりの義弟がそばに寄ってきて、「お義兄さん、姉をしあわせにしてやって下さい」と言ったのが忘れられない。

私は2歳半までに実父、実母を相次いで無くして養子に出されたので兄弟がなく、「おにいさん」と呼ばれたことが一度も無い。その戸惑いもさることながら、「しあわせ」という言葉は、意味は分かっているが、使ったことも考えたこともない。そのことにハタと気付いたのだ。

自分が幸せになりたいと考えたことは一度もないのに、ましてや結婚したとはいえ、自分以外の人を幸福にするなんて…、という戸惑いがその時の率直な印象だった。

その後有名人が結婚した時のインタビュー映像を見て、新郎が「幸せにします」と言うことが多いことを知って、世間ではそういうことになっているのだと気付いた次第。しかし依然として、どうすれば幸せにしてやれるのか分からない。そして、そんな思いは後期高齢者なった今も続いている。

なぜそんなことになっているのか、幼少時に親を亡くしたからなのか、いや世間の男は大体そんなものなのか、が分からない。もしかすると「愛」などという表現にうとい日本人の特性なのか、いやどんな時に人が幸せを感じるのか分からなくて想像のしようがないのか、あれこれ考えてみるが手の施しようがない。

私の場合はせいぜい、ただぼんやり生き続けて、家族サービス位のことしかできないというのが結論だ。宮沢賢治の「雨にも負けず、風にも負けず」の世界に近いのかも知れない。また高校時代結核で入院して一年間休学したことは、「はじめに」で述べたが、その際「達観しなさい」という言葉を教師から頂戴して60年が経過し、このところようやく「達観人生」が身についてきたような気がしている。

そんな体験に基づいていうならば、何が起きても「これはこれで、まあいいか」と、ただ薄ぼんやり生きるという生き方や、新しい状況下で出直しを図る、幸いのプライオリティを変える、あるいは幸いの水準を思いきり下げるなど、というような頭の切り替えを提案したい。

この章の締めの前提として、障害者・健常者のいずれについても、自立が出来ているかを人の評価指標としたらどうだろうと提案したい。そして自立こそが障害の有無にかかわらず、人生修行の一大目標とするべきであり、支援付きでいいから自立を目指して健気に生きていく姿が人の心を打つことに着目して、「支援付き自立の健気度」をもって幸せの評価基準とすることを提案してみたい。植物に例えれば、ダイズやソラマメはそれだけで立っているが、エンドウはそうはいかない。支柱やネットにツルを巻き付けて、花を咲かせ実をつけてくれる。自立のためのエネルギーを節約して生きているのだ。

かつて私は、出入りの僧に対して障害者の生き方の一つとして、「修行」という言葉を持ちだしたところ、頭の中に僧として経験した修行が思い浮かんだのか、これを否定する発言に出くわしたことがある。しかし私は、僧としての修行が観念的・恣意的なものに思え、障害者の修行の方が余程リアルなものと受け止めることにしている。

一口メモ

この章のテーマに近い説話がある。

釈迦がある村を通りかかったところ、死んだばかりの赤ん坊を抱きかかえて半狂乱の母親が現れた。その名はキサ・ゴータミー。釈迦は何でもできる人と聞いて、生き返らせてくれと頼みに来たのだ。

話を聞いた釈迦は、「生き返らせてあげましょう。但し、死人を出したことのない家からケシの実を十粒、日暮れまでにもらってきなさい」と述べた。

キサ・ゴータミーは村中の家を訪ねて歩いたが、死人を出したことのない家は一軒もありませんでした。どの家でも、おじいさん、おばあさんだけでなく、子供や赤ん坊が亡くなっていた。日暮れになってキサ・ゴータミーは、人は死ぬ、人と生まれてきたからには必ず死ぬと言うことを悟った。そして釈迦の許に戻ってきて、泣きながら感謝の言葉を述べたという。

このキサ・ゴータミーは、のちに子供の菩提を弔うために剃髪して、最初の尼僧になったという話が伝わっている。

第28章　意外な側面

当事者がどう受け取るかは分からないが、支援者や職員、あるいは健常者などが当事者と接して抱いた思いを述べてみよう。それはことによると、当事者が自分では気づかないうちに、家族を含め様々に作用を及ぼしている意外な側面と捉えることができるかも知れない。

一つには、周りの支援者や職員そして家族にも、ある種の使命感を与えているように思えることが挙げられる。支援者や職員にとっては、当事者の苦難は経験したことのないものであり、自身何らかの困難に直面したときに、当事者の苦労はこんなものではないだろう、と思うのではないだろうか。そんな思いで支援する刻苦勉励の毎日の故か、使命感故か、障害者を取り巻いている皆さんは、一様に良い顔をしているとも見て取れる。

そしてＮＰＯ法人の職員採用の面接の場面を振り返ると、例えば勤務していた会社を一旦辞めて、履歴書を届けてくれる候補者がこのところ増えてきている気がする。利益追求のための会社組織がなければ、社会全体がエンジンを失い、経済・社会活動が停止してしまうことになるが、少なくとも自分は利益追求とは別の生き方を選ぼうとした結果なのかもしれない。

また家族の中には、身内の発症を契機に心の世界に進む人もいるし、障害者支援のボランティア活動を始める人もいる。これはその人にとって、人生の一大転換期となっていて、以後それまでの人生とは不連続の形で命を全うすることになる場合も少なくない。

使命感で思い出すのが、マルチン・ルターの逸話。彼は中世末期キリスト教の世界で教会体制上の革新運動を起こし、その後のヨーロッパ社会を根本的に変革させる原因を作ったことで知られている。法律家を目指して勉強していたルターは、夏の休暇中のある日友人と散歩中に雷に打たれ、その友人を失う悲劇に遭っている。落雷の瞬間、ルターは「聖アンナ、助けてください、修道士になりますから！」と叫んだというが、期せずしてこの友人の死がルターに終生の使命感を与えてしまったともいえる。

そして自分が死んでいても不思議でなかったと感じたルターが、残りの人生を心の世界に捧げるといった使命感を持ち、それがたまたま世界史に残る大仕事に繋がってしまったのではないかと考えたい。

ルターの友人にしろ障害者にしろ、決して無駄な人生ではなく、かけがえのない役割を果たしたと言っていいのではないかと思われる。

ちなみに、最近後期高齢者と呼ばれるようになって気付いたことだが、自分を含め高齢者はほぼ全員が障害者と同様、身体・知的・精神のいずれかに不具合が生じがちで、たとえ今は障害がなくとも明日は我が身なのである。

障害者手帳を持っている人はいずれも、高齢者のこのような3障害を一足先に経験している、と捉えることが出来る。そのように考えると、身体・知的・精神の3障害は、言ってみれば事故や不摂生で短命に終わらない限り、多くの人にとってほぼ例外なく訪れる共通の課題なのかもしれない。

話変わって昔小学校の運動会と言うと、徒競走のほかに障害物競走というのがあった。ただ単に速く走れるかを競う徒競走より、梯子、頭陀袋、平均台などが待ち構えている障害物競走は、障害物を苦労して乗り越える姿や少しのトラブルで順位が入れ替わる面白さがあった。ちょっとした人生の縮図を伺わせるものだったからかも知れない。

人生の縮図と言えば、歌舞伎の演目は、お家騒動、敵討ち、心中などをテーマにしていて、いずれもとんでもない危機的状況に置かれた人がどのように生きたかを虚構の中で描いている。いろいろ見ても思い出されるのは、悲劇ばかりだ。海外に目を転じても、シェークスピアでいえば、ハムレット、オセロ、マクベス、リア王等々悲劇がほとんどだ。

どうやらヒトの脳は悲しかったこと、苦しかったこと、怖かったことが強く印象付けられて、記憶に残るようにできているらしい。当事者の悲劇は、本人にとってつらい悲しいことだが、周りの人にとって格好の人生学習の材料なのかもしれない。だからこそ多くの支援者・職員が障害者支援の業務に関わって、学ぶところが多いと発言するのかも知れない。

ある禅師の話がある。治療を担当する医師が、もはや治療の手立てのない禅師の病室を毎日訪ねる理由を聞かれ「診に来ているのでなく、お参りに来ている」と答えたという。この話は、精一杯生きている姿を見せていること自体が尊いことを伝えている、と理解したい。

話を精神障害者の生きようとする力に焦点を当ててみると、実は意外に強いようにも見える。二度の自殺未遂経験のある後述の夏苅郁子医師は、「死にたい」と声に出すと気持ちが楽になるのです、と述べている。もしそうであれば、周囲の人にとって聞くに堪えないこの一言は、逆にしたたかに生きようとするサインのようにも思えてくる。

自殺願望、自己否定などの言葉を聞かされる度に、周囲の心配や不安は最高潮に達するが、半分は声に出して言うことでストレスを解消し、もう半分は自分の辛い状況を周囲にアピールしていると思えば、理解できることが少なくない。

そしてこのことに気付くと、支援者は支援の苦労や怒りを少し忘れることが出来るうえ、苦悩の極に居る人から逆に生きるとは何か、を教えてもらうことがあるから不思議だ。少なくとも、生きるとは何か、どう生きるべきかを自分で考え直すヒントになりそうである。

障害者を健常者はどのように見ているのか?これは極端な例だが、会社勤めをしていた頃、こんなケースに出くわした。

ある日部長が私の部屋に飛び込んできて、所属の女性職員が通勤途上交通事故にあったという一報をもたらした。また一つ心配事が出来たと案じていたところ、ややあってその部長が今度は「彼女が出勤しました、障害者になりたくて車に飛び込んだそうです！！！」と伝えてくれた。「障害者になりたくて？」聞いたばかりの言葉をそのまま反芻してみたが、にわかに意味が理解できない。

後日部長が語ったところによると、この人は縁故で入社したものの、仕事が間に合わないとの判定を受けた上婚活もままならず、先のことを考えているうちに障害者になるという手を思いついたという。障害者をそんな風に見ている人もいるのかと驚いた次第。

そういえばある当事者の部屋の壁に懸かっていた、明石家さんまの「生きてるだけで丸儲け」と言う色紙。あれは、どんな偉い哲学者や立派な宗教家の一言よりも、当事者の心に響く言葉だったのかも知れない。

第29章　形容詞をやめてみる？

ある時、何の例え話か忘れてしまったが、「形容詞を止めたらどうなるか」と取れる言葉を耳にした。いやご本人の意図するところは、違っていたかもしれない。この時はメモを取るのに必死で、その意味するところを理解出来ないまま放置していた。

話の主は、浄土真宗の僧にして宗教学者の坂東性純（ばんどうしょうじゅん）師。仏教の中でも禅宗に関心を寄せていた時期に、たまたま話を聞く機会があった。僧の話はいつも難解で難儀していたのに、この方の展開されるお話だけは少し理解できる部分があったので、都内のどこかで講演があると聞きつけては追っかけをしていた。

その後、改めてこのメモを見ながら気づいたことがある。それは、ことによると、楽に生きる手段を提示しているかもしれない、ということだ。それは禅の世界でいう「あるがまま」が目指し「無分別の世界」を実現することによって、様々なことにとらわれることが少なくなるということと我流で納得した。

具体的に言えば、分かり易い。隣の芝は青いという西欧のことわざは、我々の日々の暮らしの中で、隣の息子は秀才なのにうちの息子は鈍才で、隣の娘は可愛いのにうちの娘は不器量で、という日常会話に符合する。ここで形容詞を省いてみると、ご両家に息子や娘がいる、となる。

つまり形容詞と決別すると、「あるがままをそのまま受け入れる技が習得できる」のかもしれない。あるいは、仏教の「比較することが諸々の苦の原因である」という教えを実践する方法なのかも知れない。

もっともこの比較をやめると言うことは、悩める大人に対する教えであって、例えば子供は発達の過程で比較することが必要不可欠である。幼児が大きい・小さい、赤い・青い、重い・軽いなどが分かるようになって発達し大人になっていく。

たとえ話をもう一つ。禅宗の寺での修行の様子を映像で見ると、日々簡素な食事を黙々としておられる様子がわかる。とても旨いものを食べておられるようには思えない。あれで十分の栄養がとれているのかと心配したくなる位である。にもかかわらず、眼光鋭く、厳しい修行に耐えておられてしかも長寿である。これを形容詞無用論で解釈すると、美味しい食べ物があるのではなく、美味しく食べる修行を課しておられるように思えてくる。第15章でも述べた通り、粥になるまでよく噛んでおられるような気がしてならない。

若い当事者には何のことやらわからない話かもしれないが、年と共にこんな話もそうかなと思ってもらえるかも知れない。

以上、この部では「生きがいを求めて」というタイトルを不用意に掲げて自分で考えてみようとしたが、とても私の手に負えない課題を掲げてしまったのかも知れない。また、心の世界担当のお坊さんや牧師さんたちに頼むべきだったかもしれない、とも感じている。

第十部

明日への願い

いろいろ書き連ねてきたが、この辺から未来を語ることとしたい。当事者にとって、つらいこと苦しいことが多いのは認めざるを得ないが、そこを何とか少しでも軽減できるようにするには、公助・共助も当てにして、支援してもらいながらの自助・自立に力を注ぐほかはない、と考えられる。

第30章　NPO法人は救命ボート?

世に数の多いことを「ごまんとある」と表現するが、全国のNPO法人は文字通り5万余団体を数える。それらは社会における環境保護など20の分野において、ボランティア活動をはじめとする民間の社会貢献活動に携わっていて、その約6割の団体が保健・医療・福祉の分野で活動しているという。

これらNPO法人は、1998年(平成10年)に施行された特定非営利活動促進法(以下「NPO法」という)に基づいて設立されるもので、95年の阪神淡路大震災がきっかけとされる。というのも世界中から集まった義援金の受け皿となる公的な組織がなく、しかも特定の分野でのボランティア活動を推進するためにも、そのような市民団体に法人格を与えようとするものであった。

逆に言うと分かり易い。この法律が成立する以前は、保健・医療・福祉の分野で市民がボランティア活動を始めようとすると、一人前の法人扱いをしてもらえない不便さがあった。具体的に言うと、ボランティア団体が活動拠点となる施設を借り、銀行口座を開いて、電話を引く、最低限このようなことが必要になるが、団体名義ではなく、団体の代表者の個人名義で行わざるを得なかったのだ。

このため団体活動上何か不都合なことが起きると、団体の代表者が個人の責任で後始末せざるを得ない状態が続いた。言い換えれば、このNPO法が出来たおかげで団体名による法律行為が行えるようになり、具体的には団体名義で様々な契約が締結できるようになったのだ。

この法律が国会で審議されていた段階で関心を寄せていた私は、この法律が施行されると様々な分野でＮＰＯ法人が活躍できるようになり、例えば行政に不満・苦情を申し立てていた多くの人たちが自主的な活動に一歩も二歩も踏み出せるようになると予測したが、果たしてその通りになった。

このような新規立法によって、地域社会が一変する良い事例をあちこちで目の当たりにした感があり、この立法に尽力して頂いた当時の国会議員の方々に、国民の一人として改めて敬意と深い感謝を表明したい。

この法律の施行に伴い、精神保健福祉分野の地方行政当局も任意法人に対してＮＰＯ法人化を求めたので、私たちの団体も２００６年（平成18年）にＮＰＯ法人「青葉の樹」を立ち上げて、今日に至っている。

しかしいざＮＰＯ法人の運営に携わってみると、法人住民税が課税されるのは当然としても、法人税法で規定される収益事業から生じるわずかばかりの所得に対して、国税である法人税や地方税である法人住民税、事業税が課せられ、財政上窮屈を強いられることを再三経験した。

運営上は少しでも多く余裕資金を持っていないと不安であるし、新規事業に取り組もうとしても心配が先に立って、ついつい手が出なくなるからである。

また、そもそも当ＮＰＯ法人は家族会が中心となってスタートし、その運営は家族的・当事者的発想に基づくもので、言ってみれば事業を立ち上げるのに精一杯、といったところだったようだ。

少なくとも私が2代目理事長の役目を頂いた時点で、法人運営に携わってくれそうな次世代の人材は、家族の中に見当たらなかった。また人材の確保、職員の採用など様々な問題点が少なからず生じ始めていた。その上、職員の病欠・産休・育休・介護休などの度に、人員のやり繰りに苦心惨憺であった。「労務倒産」などという、役人時代には聞いたことのなかった言葉が、現実味を帯びて日々脳裏をかすめることが多くなった。

振り返ってみると、スタート時点で集まった家族の熱意を次世代の家族に引き継ぐことは、言うべくしてなかなか困難で、聞いてみると地域内の他のNPO法人も同じような問題点を抱えていた。

一言でいえば、NPO法人のままでは事業継続性の観点から不安が残る状態が、いつの間にかあちこちで顕在化し始めていたのだ。このままでは、将来運営上何らかの不都合を生じ、その結果当事者とその家族に多大の迷惑をかけかねない、との不安が募り始めた。

改めて考えてみるとNPO法人は、いわば「急ごしらえの手作り救命ボート」であった。とりあえず家族会主導の運用委員会方式で事業を始めたものの、組織の継続性など考えるいとまがなく、先々を考えると、いつまでもこんな救命ボートに当事者を乗せておく訳には行かないと感じられた。

機関士・操舵士・客室乗務員などを備えたもっと大きい船が必要だ。しかも地域を見渡せば、救助を待っている当事者とその家族がそこここに、波間に漂う姿が見え隠れする、そんな思いだった。

このため、事業の継続性はもとより、将来の事業拡大の可能性も念頭に置きつつ、青葉区内で同じような活動をしている他のＮＰＯ法人に呼びかけて研究会を立ち上げ、各法人が抱えている運営上の問題点を洗い出しつつ、将来構想の検討を開始した。２０１７年のことである。

第31章　社会福祉法人化に向けて

そこでほぼ2年間、研究会で様々な検討を重ねた結果、社会福祉法人化を目指そうということになった。折しも2019年（令和元年）7月に区内の精神福祉家族会（あおば会）から、当事者家族が運営委員会方式で設立・運営しているNPO法人の連携・団結を呼びかける「青葉区精神福祉事業団体の連携推進のお願い」なる文書が提出された。区内における、より強力な自立支援体制の確立を願ってのことで、逆に言えば、今のままでは事業の継続性という観点から心もとない、と指摘されたものと受け取っている。

無論社会福祉法人化に成功すれば、各々のNPO法人の自立支援事業を社会福祉法人に引き継ぐことになる。この社会福祉法人化は、いわば横波にも耐えられる大きな船を建造して、何艘かの救命ボート上の乗客と乗組員の人たちに乗り換えてもらうことを目的としている。それとともに、波間でプカプカ浮かびながら救助を待っている人たちにも乗り込んでもらえるようにしよう、という考えに基づくものである。

別の見方をすると、世間の企業は一般に、資金調達先の多様化や拡大、社会的信用や知名度の上昇、それによる優秀な人材の確保などを目指して株式を上場し、事業拡大や事業存続の目的でM&Aを行うが、我々の社福化構想もそれに近いものがある。そして運用資金を最低でも3か月分、出来れば半年分ぐらい手元にないと安心できないという面もある。

そもそも社会福祉法人は、1951年（昭和26年）に制定された社会福祉事業法によって規定されたもので、現在では社会福祉法を根拠法としている。現在全国におよそ2万の社会福祉法人があり、そのうちの約1割は第19章で述べた社会福祉協議会であるが、保育所やご老人の施設を運営するところが多いようだ。

ところで私はついこの間まで、社会福祉法人は土地・建物・金融資産などを持っている裕福な人が、資産管理上もしくは財産相続対策を横目に見ながら、社会福祉事業に乗り出してスタートするものと思い込んでいた。またそのような人は、ややもすると社会福祉事業はそっちのけで財テクに走ったり、果ては乱脈経理に陥るなど社会問題を引き起こしがち、との印象を持っていた。

事実社会福祉の教科書を紐解くと、社会福祉法人の要件の最初に「一定の資産を備え」と記述されており、地方庁の審査体制を見ても、資産評価の専門家が居並び評価基準も資産内容に照準を合わせたものになっている。また様々な社会福祉法人のホームページを見ると、いずれも広い敷地と立派な建物が見て取れる。

これは明治維新のころ、時の政府は郵政事業を始めるにあたって、各地の名士に土地・建物を提供してもらって郵便局としたのと同じ手法で社会福祉事業の推進に取り掛かったから、と推測できる。

ともあれ近年、社会福祉事業法の抜本的見直しが始まり、同法に代わって現行の社会福祉法が2000年に成立し、社会福祉法人の設立・運営は、いやが応でも厳しい監督下に置かれるようになった、と理解している。

そのような観点に立って我々の3NPO法人を見ると、いずれも土地・建物など財産と言えるものは何もなく賃貸借契約書の山という実情で、その種の問題の起こしようもない。しかも、グループホームの運営実績が一定年数以上ある場合、社会福祉法人の新規認可のハードルが幾分低くなるというルールを見つけることが出来たのは、幸いであった。

特に「青葉の樹」の場合、20年近く公的支援の下で精神障害者の共同生活援助事業（グループホーム）をコツコツと続けてきた実績があるので、この間運営資金を提供するとともに事業内容を指導・監督してきた行政当局としては認可しやすいだろう、と言う見通しを立てることが出来た。

もっとも、認可の是非を審査する側に立ってみると、大した資産のない人たちが前例のない申請書を提出したものだから、結構戸惑いがあったのではないかと思われる。

以下、新規社会福祉法人の設立構想を述べてみよう。糾合する3NPO法人の地域活動支援センターは、自立支援事業の原点であり、居場所機能を果たすなど従来の事業をそのまま引き継ぐことになる。そのほか、体力がついてくれれば就労継続B型事業など新規の支援事業や調査研究事業も考えられるが、当面はグループホームの運営を事業の核と位置付けて、その増設に向けて進んでいくことになるだろうと考えている。

グループホームの増設

グループホームの新設には、土地探しから始まって建物の設計・施工に多大の資金や担保と時間・労力を必要とし、何よりも近隣住民の反対運動にあって計画がとん挫したケースもあると聞いているので、容易なことではない。

その点、既設のアパートや会社の寮などを改造したり、使われなくなった一軒家をシェアハウス的に使うなど、より簡便な方法でグループホーム化が出来れば、防災設備など様々なハードルはあるにせよ、新築よりも時間や資金・労力をはるかに節約できるはずであり、経験上地域の理解も得やすいことが期待できる。一方、貸主にとっては、借りてくれる人を探さずに長期間安定的な収益が見込めるメリットがある、と考えられる。

もっと言えば、昨今全国で空き家の増加が、社会問題になっている。２０２３年には、住宅総数が世帯数に対し約１０００万戸余る時代が到来すると報じられている（日本経済新聞、２０２２年9月4日）から、その対策の一助にもなるケースもあるに違いない。またある不動産業者の解説による「不安定な雇用条件で働く人よりは、生活保護にしろ、障害者年金にしろ、取りはぐれ心配のない方が借主に紹介しやすい」というのも分かる話だ。しかも今後も人口減少が続くという将来予測からすると、こんな状況は一層顕著になるに違いない。

このようにアパート一棟を一括借り上げ方式で事を運ぶことが出来れば、貸方・借方、双方の利害が一致し易いので、グループホームの増設は、比較的運びやすいはずである。逆に財産が乏しい社会福祉法人にとって、それ以外にグループホーム事業を手っ取り早く展開する方法はない、とも言える。そしてこのような方法でグループホームを一軒ずつ増設していければ、自ずと滞在型／通過型、寮型／アパート型／シェアハウス型など、様々な運用形態を用意出来ることになる。また結果的に、必要とする支援の程度が異なる様々なニーズに応じることも期待できる。

ことにシェアハウス型については、アパートでの一人暮らしは寂しいから嫌だがグループホームで自立のための訓練ができたという当事者で精神症状が比較的軽微という方に、職員宿舎と事務室を兼ねる形で提供できないか、試みてみたい。この場合、障害者総合支援法の枠外ということになるかもしれないが、世間によくあるシェアハウスと何ら変わらないし、かえって容易にスタートできるのではないかと期待している。

但しこの精神保健分野における共同生活支援事業は、大局的に見れば始まったばかりで、他の障害の分野に比較して出遅れ感が否めない。このためソフト面を含め、まだまだ当分の間、試行錯誤の段階が続くことを覚悟している。

（参考）　既存のグループホームの運営上、コロナの影響もあってリモート会議を多用するようになった。その他、職員間の情報共有・コミュニケーションのツールとして介護現場で使用されているＬＩＮＥ ＷＯＲＫＳ（チャット機能、掲示板、スケジューラー、資料保存などをクラウドで保存する）の活用などが始まっている。今後これらの経験を生かして、法人全体のデジタル化を進めていきたいと考えている。

この間集積した情報は、将来業務の効率化と研究開発事業を展開する上で大切な役割を果たすことが想定できる。このため、デジタル化にあたって他の部門の将来像も描きながら最適化を図ることとしたい。

地域活動支援センターの増設

現在区内に地域活動支援センターが４施設存在するが中西部に偏在しており、利用者の利便性や引きこもり対策を考えると、もう1か所増設することが必要とする意見もある。

就労継続B型事業所の新設

地域活動支援センターでもプログラムの中に工賃仕事を組み込んでいるが、もう少し働けるしお金も欲しいというメンバーのために、既存の事業所のプログラムを整理統合して就労継続B型事業所を新設したらどうかという考えもある。

生活支援センターの充実

新社会福祉法人にとって、精神障害者生活支援センターの機能をさらに充実することも、もう一つの大きな課題である。現在でも区内の地域活動支援センター、グループホーム、就労継続B型事業所などの職員に集まってもらって現場交流会を定期的に開催しているが、社福化後はさらに地域内の他の自立支援機関の活動のまとめ役としての役割を果たすことが期待される。

生活支援センターは、第18章で述べた通り現在横浜市内各区に1施設ずつ設置されていて、相談業務を主体としつつ、日常生活に必要な情報の提供、食事サービス、夕食の宅配・安否確認サービス、地域交流及びその他レク・イベントなどの自主事業を行っている。

特に核となる相談事業については、地域活動センターやグループホームが特定の当事者と利用契約を結んで個別支援計画に基づいてサービスを提供するのに対し、生活支援センターは利用者登録するだけで、そのような縛りがない分利用しやすいが、いずれどこかの施設に固定する必要がある。

ところで相談業務というと、一般には応答マニュアルがあってそれに従って担当者が応対するイメージだが、この分野ではそう簡単ではない。どうかすると唯々聞き役に徹することも一再ならず、と言わざるを得ない。また相談を受けた者が対処できないからと言って他の機関を紹介するとなると、たらい回しのそしりをまぬかれず、かえって信頼感を損ねてしまうことになりかねない。

ことに精神症状に関する相談は、医療の専門家でも難しい事柄である。相談員はただ寄り添うほかはなく、受診導入すなわち医療につなげることが出来ない場合は、歯がゆさを通り越して辛いものがある。

なお最近、当事者が自分の経験に立って相談員の役割を果たすピア・スタッフは、一部事業所ですでに実現しているが、今後さらに展開するべき取り組みとして大いに期待されている。例えばピア・スタッフが最初に自身の入退院の時の苦労話をしたのち受診をアドバイスするなど、健常の相談員にはできないタイプの相談（ピア・カウンセリング）の可能性などにも期待したい。

このセンターが今後拡充するべき事業として、精神障害の有無にかかわらず、引きこもり対策が挙げられる。しかし、そのためには、人員面など予算的な裏打ちを含めた体制作りから始めなければ、対応は難しい。

例えば最近、ある引きこもり状態の人が、神奈川県内で引きこもりからの自立支援をうたう民間業者に自宅から無理やり連れ出されたうえ施設に監禁されるなどの事件が発生し、県内の新聞には「引き出し屋」などの活字が躍ったことがあった。

この事件と直接の関係はないにしろ、区内NPO法人にも行政当局から引きこもり対策について協力要請があり、また次のような事例もあった。実のところ実務経験やノウハウが不十分で、しかも人手不足などの制約があって、大切な課題と感じつつも手をこまねいているのが現状であるが、例えば引きこもりの経験のあるピア・スタッフの活躍などが期待できるかもしれない。

事例

区内のほぼ引きこもり状態の当事者（50歳前後）が、ある日食事もろくにしていない様子で生活支援センターに相談のために来訪した。聞けば父親の死後、母親（80歳前後）の認知症が進んだ様子で、裕福な家庭であるにもかかわらず、お金どこにあるのかわからないというのだ。正に８０５０問題の典型だ。

話を聞いた相談員は、センター内に消費期限が丁度切れかかっている災害時用の食事セットや紙パンツなどが有ったので、とりあえずそれを渡してその場をしのいだ、という。しかし、それ以上のフォローは如何ともし難く、そもそも地域内に似たようなケースがどれ位あるのかと思うと居たたまれない、と担当者は語っている。

研修プログラム

次に、職員の研修をさらに充実させることも新社会福祉法人にとって大きな課題である。最も重要なテーマと言って過言ではない。

我々の地域活動支援センターにしろ、グループホームの運営にしろ、取り組み始めてたった20年ほどの経験しかなく、いまだにいわば手探りの状態で支援活動を行っている。

現場はそんな状態が続いているが、それは国や地方自治体にとっても同じようで、第八部ですでに見てきたように、障害者自立支援法に基づく支援制度そのものが今もって時々刻々変化し続けているし、その運用面でも試行錯誤が続いている。さらに言えば、精神科医療や福祉の世界の進歩も著しく、勉強するべき事柄は増える一方である。

このような状況下での事業所の運営には、きめ細かい研修プログラムを自前で企画・実施する必要があるし、市精連などによる外部研修を大いに活用する必要がある。その際、初任者・中級・ベテランなど各ステージに沿った体系的なプログラムを用意するべきであることは言うまでもない。

企業と言わず、団体と言わず、そこで働く職員は待遇面もさることながら、その組織に属していて自分自身が成長できる実感またはそれが期待できる感触があれば、働き続けてもらえそうな気がする。

そのような意味からも、研修の充実に取り組みたいと考えている。

労働組合

精神障害者の自立支援を目指すNPO法人の多くは、当事者の家族が主体となってスタートした経緯からして労働組合がない。雇用を維持し労働環境の向上などを旨とする労働組合なしに、大勢の職員に働いてもらうことは、福祉事業を手掛けているとはいえ組織として不健全であり、経営上問題があることは論を俟たない。

幸い今回統合を目指しているNPO法人の一つには労働組合があるので、この経験を核として社福化を果たした後も大勢の職員に労働組合に加入してもらい、理事者側とは異なる職員の立場からの改善に努めていただく体制が望ましい。

なお組合経験のない理事者は、組合側には経営者側と対等に話し合いができる団体交渉権が保障されているため、団体交渉を拒否したら懲役刑を含む厳しい罰則が待っていることを留意しておかなければならない。

その他

さらに法人内の各事業所間、あるいは地域内の関係機関とのITネットワークの充実も大きな課題である。昨今コロナ禍のおかげで、リモート環境で仕事をすることに一部慣れてきたと言えよう。地域内で散在する小さな規模の事業所であっても労務・経理・日常業務上厖大な情報が飛び交っているため、今後はホームページの充実を含め、最新のＩＴ技術を駆使してデジタル化を果たしたい。また、各事業所の職員間の相互交流、各施設合同のイベント開催等々、テーマは数え上げればきりがない。そして社福化の機会に、より一層職員の自発的発想に基づく活動を期待したい。

一方地域内の自立支援団体のネットワークの大枠に目を向けると、その大枠は障害者自立支援法に基づく自立支援協議会で出来上がっているが、個々のケースや日常業務に関わるような事柄のネットワークは、生活支援センターを中心に据えた各事業所の機能の連携強化・拡充が求められる。

また社福化を達成した暁には、既存・同種の社会福祉法人と、地域内外を問わず経験を分かち合うほか、社福化を目指すＮＰＯ法人へのアドバイスもいずれ必要となると考えられる。ちなみに、隣の川崎市には同種のＮＰＯ法人を一旦合併した上で、社福化を果たした「skyかわさき」が２０２０年にスタートしているが、この手順の方がよかったのかも知れない。

なお本書執筆途中に社会福祉法が改正されて、社会福祉法人同士が連携するために「連携法人制度」が導入されることになった。この制度の下では、企業の持ち株会社のように社会福祉連携推進法人の下で人材や資金などを融通し合うことができ、法人の独立性を保ったまま職員の採用・研修や資材購入が一緒に行いやすくなるという。令和４年の施行と伝えられているので、これについても研究しておきたい。

以上、新社会福祉法人への期待感をまとめると、「設立時に合意された理念の実現」の一言に尽きる。したがって、志した事業がたとえ不採算であろうとも、カットしない・できない、むしろそんな部門を運営することこそ社会福祉法人の使命と言うことか、と想像している。

しかしこれは言うべくしてなかなか難しい。それには、株式会社など他の営利組織では出来そうもない事業に挑戦し、かつこれを継続して実行するためには、不採算部門に対する財政支援体制をグループ内で強化することが必要となる。

そのために、とりあえずアイデアを思いつくままに列挙してみると、以下のようになる。

・委託研究・調査事業を拡充する（社福に事業を引き継いで身軽になったＮＰＯ法人を調査研究事業に特化したＮＰＯ法人として再生利用する案もある）
・寄付金を頂戴しやすくするため、個人寄付金の税額控除制度を活用する
・ホームページを充実する
・賛助会員を拡大する
・収益の見込める別会社をグループ内で運用する
・区内の社会福祉協議会や地域行政の枠内で他の社会福祉法人やＮＰＯ法人との連携を強化する
・地域内の近隣農家や農協との農福連携事業に近隣の教育機関の参加も得て、農・学・福連携事業に取り組み、インターン生の受け入れなども拡充する

とはいえ、「組織づくりのポイントは、小さく生んで、大きく育てること」という言葉を聞いたこ

とがある。とりあえず身の丈に合った組織づくりからスタートするほかはない。

ここで参考にしたいのが、北海道浦河町の社会福祉法人べてるの家。社会福祉法人の財務諸表等電子開示システムによると、令和元年度の事業活動収入は、3億7700万円とされている。

「べてる」というと、つい反射的に「当事者研究」と特産日高昆布製品の加工・販売が思い浮かぶが、社会福祉法人の他に、NPO法人、有限会社などが連携して、就労継続B型事業、生活介護事業、共同生活援助事業、訪問看護ステーションなどをグループとして行っていることにも注目したい。おそらく事業体間でお金の融通をし合っているのではないか、と想像できる。

なお、社会福祉法人べてるの家の理事・向谷地生良（北海道医療大学看護福祉学部臨床福祉学科精神保健福祉学講座教授）は、社福化を果たしてからほぼ20年間の経緯を、次のように述べている。

「浦河町では、二千二年にべてるが社会福祉法人となり、地域生活支援に力を入れるようになると、浦河赤十字病院精神科（一三〇床）の入院患者が減り、ついに二〇一四年には、精神科病棟が休棟になり、地域ベースで治療や支援を展開する時代が到来し、ついに浦川が〝イタリア化〟するというあらたな段階を迎えた。そんな中でべてるも就労支援、生活支援、訪問看護ステーション、訪問介護事業所を運営し、九十人のスタッフと百人を超える利用者が行き交う拠点として、地域のなかで存在感をもつようになった。」

そんな運営の様子を知ったある識者は、「ユーモアと商売を精神の世界に持ち込んだ」と評しているが、我々も社福化にあたって、そんなユーモアのセンスと商売のセンスの両方を是非取り込みたいと考えている。

翻って考えてみると、個人にせよ法人にせよ、生きている限り誰しも程度や種類の違いこそあれ、危うい綱渡りの連続である。それゆえ先のことを考えると、実は不安の連続でもある。

社福化を果たすことが出来たからと言って、今抱えている問題や将来の不安がすべて解決するとは思わないが、これらを払拭するには、今考えられるアイデアを一つ一つ試行してみる他はない。

我々は、不幸にして統合失調症で網から落ちてしまった人にとってセーフティネットを用意しておくことを目指し、大勢で安全ネットの縁をしっかり引っ張って、落下による衝撃を少しでも和らげなければならない。

そしてその後の暮らしも網の上と言う、とても不安定な場所に居ながら、引き続き何とか生きていくことが出来るよう、そんな手助けが出来る社会福祉法人であり続けたい、と考えている。しかし社会福祉法人化ですべてが解決できる訳でもなさそうで、先行き例えば法人同士の合併などという場面もないとは言えない。

ところが法人同士の合併は、経営理念の違いや会計面での難しさなどから年間10～20件程度にとどまっているという。厚労省の有識者検討会では、企業の持ち株会社のような「連携法人」の下にぶら下がった社会福祉法人が人材や資金などを融通しあえるようにして、運営の効率化を図ることが検討され始めた、と伝えられている（2019年6月）。あるいは、このような制度の下で事業の継続を図る場面も想定しうると考えられる。

なお将来を考えると、施設利用者の高齢化に伴い、65歳以上の当事者が障害者総合支援法の対象外となって、老健法下の施設への移行という問題が徐々に表面化することは、必然である。そんな現場に身を置く者としては、この2法による制度の間で将来どのような調整がなされるのか、それを待った上で取り組むことを考えることとしたい。

（資料）「べてるの家」から吹く風、向谷地生良著、2018年、いのちのことば社

第32章　親亡き後の十二の絆

以上様々な視点から、統合失調症の当事者を取り巻く環境が、日々改善している様子をあれこれ述べた。また前章では、社会福祉法人化を達成して、支援事業の継続・発展を目指している様子を参考までに紹介した。

しかし最も大切なのは、今後さらに色んな対策があちこちでなされているにしても、当事者が何とかやって行けると感じるか、言い換えれば当事者を中心に置いて、当事者目線でその取り巻く環境を見直しておくことだ。

第五部の冒頭では、当事者の親の気持ちを「命ある限り自分たちが2個の気球となって、海面上スレスレを漂う子を2本の紐でぶら下げているようなイメージ」と表現した。そして「もしこの紐が切れてしまうと、親は大空の彼方に飛び去り、子は海中深く沈んでしまう」とも述べた。

親に代わって支援ができる兄弟・姉妹などの親族が近くに住んでいれば、それに越したことはないが、この最終章では、当事者には例えば次の十二本の絆があり、日常的もしくは何かあった時のSOS先と考えておいて頂きたい。なお、これらは本書のどこかで述べたものを再掲したものである。

①　精神科クリニックの医師（第11章）

② 精神科病院の担当医師・看護師・医療ソーシャルワーカー（第10章）
③ 薬局のかかりつけ薬剤師（第12章）
④ 市区町村の医療ソーシャルワーカー（20章）
⑤ グループホームの職員（17章）
⑥ 地域活動センター・作業所の職員（第16章）
⑦ 生活支援センターの職員（第29章）
⑧ ヘルパー（第20章）
⑨ 社会福祉協議会あんしんセンターの職員（第20章）
⑩ 成年後見人の弁護士（第18章）
⑪ 就労支援センターや就労先（第20章）
⑫ 他の地域に居住する親戚

このような視点で、無論本人の同意があっての上のことだが、どこかの機関が当事者一人一人についてこの絆の状況を一元的に把握してデータベース化して見守ることが出来る基盤を整えておくことが望ましい。

当ＮＰＯ法人が社会福祉法人化を果たした暁には、当事者やその家族から求めがあってのことであるが、このような新しいタイプのサービスを提供することも一考に値すると考えられる。また、そのような絆の存在を確認しつつ、ケースごとに相談に応じることも必要であると考えられる。

ただし、昨今のハッカー集団がウイルスを感染させて金を要求する被害が、政府機関や大企業にとどまらず、中小企業や地方の病院にまで及んでいるニュースを見ると、個人情報の最たるものを抱えることから、余程の防御策を講じておくことが必要であることは論を俟たない。

なお本書では、NPO法人設立の経緯から、統合失調症の当事者に関する記述を中心に置いた。しかし、地域活動支援センターやグループホームを運営してみると、このところ発達障害・気分障害(うつ病と双極性障害)・てんかんなどの当事者の施設利用も少なくなく、しかもいずれもが増加傾向にある。さらにどの施設ともつながっていない、いわゆる「引きこもりの方々」も含めて、さらに多くの方々が絆を求めて新社会福祉法人にお越し頂けるよう、準備を進めたいと考えている。

終章

精神保健分野のＮＰＯ法人は、その定款に「地域社会の精神障害に対する理解の向上を図る」ことを目的に掲げているところが多い。それは、例えばグループホームなどの施設を作ろうとして、近隣住民から反対ののぼり旗が建設予定の敷地を取り巻き、計画がとん挫するケースがあることも一因であろう。

しかし各団体はそんな目的を定款に掲げてはみたものの、実効性のあることが具体的に何か出来ているかと言うと、日々の支援業務に追われてそれどころではなく、手の施しようがないというのが本音だろう。せめて我々の団体は、社福化の暁に地域社会の精神障害に対する理解の向上を目指して、YouTube等様々な媒体であらゆる機会をとらえての情報発信を心がけたいと考えている。

また、統合失調症などの精神障害に対する社会的偏見と言われる現象は、例えば人前で「私は食道がんです。糖尿病です。高血圧です」などと言うように、当事者が「私は、あるいは家族が統合失調症です」と平気で言えるようになって初めて解消する、という考え方がある。

例えば、かの内村鑑三の息子で東大精神医学教室教授と松沢病院長を兼務した内村祐之医師は、その著書「我が歩みし精神医学の道」の中で、鑑三の母すなわち祐之自身の祖母が精神病患者であったことを明らかにした上で、

「私はここ（松沢病院）で精神病患者の真に愛すべきものであることを教えられ、（中略）松沢の日々の経験は、見るもの聞くもの、ことごとくが珍しく、家に帰ってその日の出来事を父（内村鑑三）に話すと、父は驚くほどの興味を示すのであった。」

と述べている。

また昭和の作家にして精神科医のドクトルマンボウこと北杜夫は、壮年期より双極I型障害（躁うつ病）を発症して自らの病状をエッセイなどでユーモラスに書き、世間の躁うつ病に対するマイナスイメージを和らげるのに一役を買った、と記憶している。

そういえば以前、メンタルヘルスマガジンを自称する「こころの元気＋」（2012年9月号）を読んでいて、次のような記述に出くわした。

「当事者医者として

私は統合失調症、うつ病、神経症、発達障害をかかえた、33歳の医者です。病気になって長いけれど、よい医者になりたい気持ちはずっと変わりません。内科医をしていましたが、せっかく病気を認め降りてきたので、精神科の当事者医者になろうと思っています。私の病気のテーマは「自閉」と「人間不信」でしたが、今デイケアで仲間と出会い、少しずつ回復しています。弱い自分になにができるかわかりませんが、研究と実験の精神をたずさえて、医者を続けようと思います。」

また最近では、やきつべの径診療所（静岡県焼津市）の夏苅郁子精神科医師が、漫画「我が家の母はビョーキです」（中村ユキ著）に触発されて、母親の統合失調症、自身のうつと摂食障害、それに二度の自殺未遂歴を自書の中で公表した。そして統合失調症の当事者で病歴30年以上になる友人から「夏苅さんは、家族・当事者・精神科医のトライアスロンをやってきたんだね』と言われたことがある。」と述べている。夏苅医師の人生が、傍目には過酷なトライアスロンのように見えたのだろう。

ここで夏苅医師の背中を押すことになった中村ユキさんが、夏苅医師の著書に寄せた一文を引用する。

「母親が統合失調症であると公表して学会や講演会などで発言されるようになった（夏苅）先生は、出会ってから三年経った今、別人のような印象です。明るく元気で凛とした空気をまとい、『キラキラ』と言う擬音が似合いそうだと思う私は『人ってこんなに変わるものなのだ。』と驚いています。」

そして夏苅医師ご本人も自書の中で、

「私は、ユキさんがマンガによって統合失調症への理解を世間に訴えたように、自分の経験を精神科医の立場で発信していこうと決心しました。そうすることが、『偏見』という呪縛に苦しんでいた私の心を開いてくれたユキさんと（中略）、幾人もの人たちへのお礼と思ったからです。」と述べている。

そんな夏苅医師の後を追うのが、東京都医学総合研究所精神科の糸川昌成医師。

糸川医師が自分の母親の統合失調症を公表したいきさつは、「J-POP VOICE　統合失調症を語ろう」というインターネット・サイトで知った。

ちなみにこのサイトには、当事者や家族など一般人が統合失調症をより良く理解できるよう、当事者・家族・医療スタッフからの声が、動画と共に掲載されていてとても参考になる。

そんな糸川医師の声を引用すると、

「自分自身（筆者注：夏苅医師を指す）を症例報告と言う形で、精神科の専門雑誌に投稿して発表したということで（夏苅先生に）お手紙を書きました。そうしましたら、非常に丁寧なお手紙が届きました。（中略）

親に子どもを守る義務があり、（中略）何が子ども達を守ってやれるだろうかと考え、（中略）僕が隠し続けることで子ども達を守ったとすると、娘もその秘密を抱えながら、いつ旦那さんに私のおばあちゃまは統合失調症だったということがばれるだろうとびくびくしながら、娘も嫁ぐのだろうと思ったのです。

そして娘の娘もまた同じように自分の家系にはこういう人がいたんだということを知られたらどうしようと思いながら、それが代々（受け）継がれていくだろうと思った時に、この秘密は僕の代で断ち切らなければいけないと。それが子どもを守ることになるということを、僕は確信しました。」

このように自分自身や家族の精神科疾患をオープンにした医師の言葉に心当たりのある医師がおら

れたら、是非ともご賛同の上、行動を共にして頂きたいものだ。というのも、統合失調症の発病率100人に1人というのは、医師にも当てはまるからである。全国30数万人の医師の中に3000人超の統合失調症患者がいるとは言わないが、医師だけこの病気にかからないということもないだろうし、医師専用の妙薬があるわけもない。ましてや、家族の中に当事者を抱えている医師は、夏苅・糸川両医師以外にも、少なからずおられるはずだからである。

そこで当事者やその家族に率先して、医師ならでは、特に精神科医師ならでは！の行動をとって頂きたい、と切に願う次第である。

精神科医師の仕事は一般に、患者の話を聞くことから始まる。特に最近の若い医師は、家族の話もよく聞いてくれる。他科のような画像診断や血液検査もなく、日々患者やその家族、あるいは支援担当者の話を聞いて、ようやく症状やその他関連の事態が把握できるはずである。

しかし医師自身が当事者または家族であれば、言葉やデータを介することなく、当事者やその家族が日々抱えている問題について、身をもって日常的に理解しているはずである。

そもそも話には誇張があったり、感情が混じったり、思い込みや記憶違いがあったりして必ずしも言葉通り受け取れないことがあるし、ましてや精神疾患を抱えて混乱する当事者や家族の声である。しかし、医師自身の経験であれば、その心配もない。

さらにその道の専門家としての学識や経験をベースにした話だから、比べ物にならない影響力を持つ。それに当事者・家族としての経験や感情の共有が上乗せされれば、その発言の信頼感や影響力は一段と増大する。それだけに、地域社会の精神障害に対する理解の向上を図る上で、最適の配役と考えられるが、いかがであろうか。

だからこそ、夏苅医師の著述や講演は多くの当事者とその家族の心を打つとともに、ひいてはこの分野における社会改革の一助となり、旧弊を破壊する起爆剤となりつつある、と期待されている。

聞くところによると外国の医師は、「日本では、医師が神様のように思われている」と認識しているようだ。それでは外国では神様ではなくて、単に職業人の一人と見られているのだろうか？

そういえば、私は過去の職業柄、「医師」としか呼ばないし、本書の中でも「医師」としか書いていないが、世間には「お医者様」と呼ぶ人も少なからずいる。極めて優秀な人がなる職業だし、時に命を預けざるを得ない存在だからだろうが、それにしても「お」と「様」を付けるのは、お釈迦様、お内裏様とお雛様、明治時代に巨万の富をもたらして国家財政に寄与したお蚕様くらいにしておきたいものだ。

ともあれ、目指すは「夏苅革命」の実現だ！そして医師もあこがれる赤ひげ先生のような夏苅医師に続いていただきたい。さらに思い当たる節のある医師・歯科医師・薬剤師・看護師・臨床検査技師などの医療職、それに精神保健福祉士、社会福祉士、ＭＳＷ、ソーシャルワーカー、作業療法士、公認心理士など自立支援に携わる専門職の皆様方にも、お心当たりがあれば何らかの形での公表に、一歩を踏み出してはもらえないだろうか。

それが全国津々浦々で実現することによって、統合失調症がそう珍しくもない疾患で、今や相当程度コントロール可能であり、昔のようにむやみに怖がることもない、と地域の人たちに認識し直してもらえることを期待したい。それには、多少なりとも時間がかかるかも知れないが、面倒な法律改正や行政措置も予算措置も要しないという長所がある。法律や制度、当事者、家族それに支援組織も一層育ちつつある今日、それを取り巻く基盤である地域社会も育ってほしい、そんな希望を抱いている。

そして、ほぼ百年前に東大教授・呉秀三が当時の精神科医療の状況を嘆いた「この国に生まれたる不幸」を「精神障害者になってしまったのは不幸・不運に違いないが、せめて日本で良かった」と言い換えてもらえるよう、地元の横浜市・神奈川県はもとより全国の大勢の皆様方に、明日からの具体的な取り組みを呼び掛けたい。

最後に、日本統合失調症学会のパブリックリレーション委員会が２０２２年2月に発表した最新情報を引用しておこう。今後この見解が広く一般に浸透して、地域社会の精神障害に対する理解が向上することを期待したい。

「思春期・青年期まで基本的に健康に暮らしてこられてから統合失調症を発症した方の遺伝子や脳に、発症しなかった方と比べて、先天的に大きな違いがあったとは考えにくく、多様性の範囲だろうと考えられます。（中略）脳機能や精神について何らかの少数派的特徴があってもそれ自体は多様性であり、思春期・青年期に急激に適応を求められるようになる複雑な社会環境との間の摩擦がストレスとなり統合失調症の発症に至ると考えた方が、（中略）科学的にもより妥当なのではないかという再考が、研究者の間にも生まれるようになってきました。」

また曰く、

「ここで大事になってくるのは、『障害の社会モデル』という考え方です。障害の社会モデルでは、例えば足を動かすことができない人が階段を登れない場合に、その要因を足を動かせないことに帰すのではなく、階段という環境と個人の間に障害があると考えます。社会側への働きかけ、すなわち階段にスロープをつければ、個人は階段を登れるようになり、障害は解消されます。このように障害の社会モデルとは多数派が多数派にとって都合の良いようにデザインしてきた環境や社会と、少数派個人との間に障害があるとする考え方です。」

（資料）「こころの元気＋」、認定特定非営利活動法人　地域精神保健福祉機構、２０１２年
「人は、人に浴びて人になる　心の病にかかった精神科医の人生12をつなげてくれた12の出会い」、夏苅郁子著、ライフサイエンス出版、２０１７年
「心病む母が遺してくれたもの　精神科医の回復の道のり」、夏苅郁子著、日本評論社、２０１２年
「わが歩みし精神医学の道」、内村裕之著、１９６９年、みすず書房
「ＪＰＯＰ-ＶＯＩＣＥ　統合失調症を語ろう」
http：//jpopoice.jp/schizophrenia/s/1203/m 09 .html
「みんなねっと」、２０２２年2月、全国精神保健福祉社会連合会

追記：本文中のＮＰＯ法人青葉の樹は、ＮＰＯ法人アトリエ木の実及びＮＰＯ法人メンタルサポートあおばとともに「あおばの実」として横浜市から承認され社会福祉法人化した（２０２３年４月１日スタート）。

著者略歴

山本　章（やまもと　あきら）

1945年生まれ、横浜市青葉区在住、兵庫県姫路市出身、京都大学薬学部卒、薬剤師

現　　在：NPO 法人青葉の樹理事長（2015年～）
　　　　　社会福祉法人あおばの実理事長（2023年４月～）

勤 務 歴：1970～2012年、厚生省、環境庁、㈶日本薬剤師研修センター、興和㈱

著　　書：「医師がくすりを売っていた国　日本―どこから来たか薬剤師・どこへ行くのか薬剤師」、2015年、薬事日報社
　　　　　「どうする麻薬問題　「奇跡の国」と言われているが」、2020年、薬事日報社

生活信条：禅的生活

出でよ！精神科病棟　―大勢で大勢の自立を支援する―

2023年５月30日　第１刷発行

著　者　山本　章
発　行　株式会社　薬事日報社
　　　　〒101-8648　東京都千代田区神田和泉町１番地
　　　　電話　03-3862-2141（代表）
　　　　Web　https ://www.yakuji.co.jp/
印　刷　昭和情報プロセス株式会社
カバー　株式会社アプリオリ

©2023　ISBN978-4-8408-1613-7
乱丁、落丁本はお取替えいたします。